쿠버네티스 개발 전략

쿠버네티스 개발 전략: 클라우드 네이티브 프로그래밍을 위한

초판 1쇄 발행 2022년 11월 9일 **지은이** 허준 **펴낸이** 한기성 **펴낸곳** (주)도서출판인사이트 **편집** 문선미 **제작·관리** 이유현, 박미경 **용지** 월드페이퍼 **출력·인쇄** 예림인쇄 **제본** 예림바인딩 **등록번호** 제2002-000049호 **등록일자** 2002년 2월 19일 **주소** 서울시 마포구 연남로5길 19-5 **전화** 02-322-5143 **팩스** 02-3143-5579 **이메일** insight@insightbook.co.kr **ISBN** 978-89-6626-371-4 책값은 뒤표지에 있습니다. 잘못 만들어진 책은 바꾸어 드립니다. 이 책의 정오표는 https://blog. insightbook.co.kr에서 확인하실 수 있습니다.

클라우드 네이티브 프로그래밍을 위한

쿠버네티스 개발 전략

허 준 지음

인사이트

차례

지은이의 글

오랜 개발의 역사 속에 등장했던 수많은 소프트웨어 중에서 쿠버네티스만큼 극적으로 개발 환경과 운영 환경을 바꾸어 놓은 소프트웨어는 그리 많지 않았습니다. 쿠버네티스의 등장은 개발 및 배포 환경의 통일, 운영 자동화, 효율적인 자원 관리 등 엔지니어들이 가지고 있던 해묵은 고민을 해결해 주기 시작했고, 많은 프로젝트 현장에서 쿠버네티스의 도입을 열성적으로 검토하기 시작했습니다.

하지만 쿠버네티스가 개발환경을 급격하게 바꾸어 나가기 시작하면서 개발자들에게는 또 다른 고민이 생겼습니다. 쿠버네티스가 제공하는 기능들이 무엇인지, 내가 작성한 코드와 쿠버네티스가 어떻게 상호작용하는지, 어떤 방식으로 개발해야 쿠버네티스의 장점을 활용할 수 있는지 천천히 알아가기도 전에 쿠버네티스를 사용해야 했던 것입니다. 이로 인해 애플리케이션이 세션 클러스터링에 실패하거나, 저장된 파일들이 갑자기 사라져버리거나, 로깅과 디버깅이 잘 안되거나, 서버의 IP가 계속 바뀌어서 서로 호출을 못 하는 등의 어려움을 겪기도 했습니다.

다행히도 쿠버네티스는 '설정보다 관례(convention over configuration)'라는 개발 트렌드를 충실하게 반영하고 있습니다. 쿠버네티스를 사용하는 개발자들이 세세한 설정 하나하나를 다 정의하지 않고 생략하더라도 애플리케이션이 잘 돌아갈 수 있도록 좋은 기본값들을 지정해 줍니다. 그래서 쿠버네티스를 사용하는 개발자들은 충분히 익숙해지지 않은 상태에서도 어느 정도 쿠버네티스를 활용할 수 있었습니다.

이 책은 쿠버네티스에 충분히 익숙해지기 어려웠던 개발자들을 대상으로 쓰였습니다. 쿠버네티스를 활용하지 않던 프로젝트를 끝냈더니 온 세상이 쿠버네티스로 뒤덮여서 당황한 개발자들, 다른 사람들이 쓰는 것을 보고 따라서 써 본 경험은 있지만 각각의 설정이 어떤 의미를 가지는지 정확히 이해하기 어려웠던 개발자들, 쿠버네티스 환경에서 더 좋은 코드를 작성하고 싶은 개발자들이 그 대상입니다.

따라서 이 책에서는 쿠버네티스가 제공하는 많은 오브젝트 중 개발자들이 꼭 알아야 할 오브젝트들을 최대한 간결하게 설명하기 위해 노력했습니다. 어떤 분들은 이 책에서 서비스 어카운트(Service Account), ETCD, 네트워크 폴리시(Network Policy), 컨테이너 네트워크 인터페이스(CNI) 등 대부분의 쿠버네티스 책에서 꼭 다루는 주제들이 빠진 것에 의문을 가질 수도 있습니다. 이렇게 구성한 이유는 이 책이 쿠버네티스 클러스터를 직접 설치하고 운영하는 인프라 엔지니어들보다는 이미 설치된 클러스터를 활용하여 애플리케이션을 개발하고 배포하는 서버 개발자들을 대상으로 쓰였기 때문입니다. 쿠버네티스 클러스터 운영에 필요한 지식보다는 실제 개발에 필요한 기본 개념과 노하우를 담는 것에 주력하였습니다.

클라우드 네이티브 프로그래밍이라는 단어가 더 이상 생소하거나 동경의 대상이 되는 시기는 지났습니다. 클라우드 네이티브 프로그래밍에 대한 많은 접근 방법이 존재하지만, 쿠버네티스의 기본 개념들을 이해하고 이를 긍정적으로 활용하는 형태로 개발하는 것도 훌륭한 접근 중 하나가 될 수 있습니다. 부디 많은 개발자들에게 이 책이 쿠버네티스에 흥미를 느끼고 더 깊이 있는 단계로 나아가는 시작점이 되었으면 좋겠습니다.

감사의 말

이 책을 쓰는 데 직간접적으로 도움을 주신 분들이 너무 많습니다. 생각나는 분들을 모두 적다 보면 공간이 부족할 것 같아서, 여기서는 쿠버네티스 커리어에 직접적인 영향을 주신 분들을 위주로 감사의 말을 전하기로 했습니다.

가장 먼저 쿠버네티스라는 단어가 생소하던 시절부터 쿠버네티스 플랫폼을 도입하기 위해 같이 노력했던 박주경 님, 장혁수님, 정영일 님, 김진섭 님께 감사드립니다. 상당히 오래 전 일이지만 그때의 경험이 아직도 남았고, 이 책에도 녹아 있습니다.

시애틀에서 쿠버네티스 프로비저닝 도구를 만드는 과정을 함께한 최지혜 님, 박한솔 님, MJ, Marat, Alika, Vish, Jecho, Cindy, Matt, Livio, Betty, Lee에게도 감사의 말씀 전합니다. 짧은 시간이었지만 배우고 경험한 것들이 제 인생에 큰 영향을 주었습니다.

엔터프라이즈 플랫폼을 같이 개발하며 많은 도움을 주신 김정수 님, 서지원 님, 김문성 님, 탁지영 님, 김진혁 님께도 감사드립니다. 그때 얻었던 쿠버네티스 환경에서의 개발 실무 경험이 이 책의 방향을 정하는 가장 중요한 모티브가 되었습니다.

쿠버네티스 학위 논문을 작성할 때 많은 도움을 주셨던 유헌창 교수님께도 깊이 감사드립니다. 당시만 해도 쿠버네티스가 생소했기에 논문 주제로 선택하는 건 모험에 가까웠습니다. 그렇지만 반대하시기는커녕 이번 기회에 본인도 쿠버네티스에 대해서 많이 배우겠다고 말씀하시고, 물심양면으로 도와 주신 덕에 끝까지 논문을 완성할 수 있었습니다.

마지막으로 쿠버네티스는 많이 써봤지만 책은 써본 적이 없던 제가 이 책을 완성하기까지 정말 많은 도움을 주신 인사이트 출판사의 모든 분께 정말 감사드립니다. 책 한 권이 나오기까지 보이지 않는 곳에서 이렇게나 많은 사람의 노력이 들어간다는 것을 처음 알게 되었습니다. 앞으로도 잘 부탁드리겠습니다.

이 책의 활용

이 책은 전체적인 과정을 하나씩 따라 하면서 실습하기보다는 코드와 그 실행 결과를 눈으로 보고 읽으면서 전체적인 개념을 익히는 방향으로 쓰였습니다. 따라서 책에서 제공하는 소스코드들을 모두 하나씩 따라서 실행해 볼 필요는 없습니다.

직접 하나씩 실행해 보면서 개념을 익히는 것을 선호한다면 GitHub 저장소 *https://github.com/k8s-dev-strategy/book*에서 제공하는 소스코드들을 확인하기 바랍니다. 제공하는 소스코드를 직접 실행하기 위해서 어떤 형태의 쿠버네티스 클러스터를 사용해도 상관 없습니다. 만약 별도로 구성된 쿠버네티스 클러스터가 없다면 도커 데스크톱(Docker Desktop)을 설치해 사용하는 것을 추천합니다. 가장 쉽게 환경 구성을 끝낼 수 있습니다. 도커 데스크톱을 이용하여 로컬 환경에 쿠버네티스 클러스터를 구성하는 방법은 GitHub 저장소의 README 파일에서 확인할 수 있습니다.

k u b e r n e t e s   d e v e l o p m e n t   s t r a t e g y

애플리케이션을 빈틈없이 실행하고 우아하게 종료하기

애플리케이션을 실행하고 종료하는 과정은 사람의 탄생과 죽음에 비견할 수 있을 만큼 중요한 문제임에도 개발자들에게 특별한 관심을 받지 못했습니다. 한번 실행한 애플리케이션은 명시적인 종료 명령이 들어오기 전까지는 계속 실행 상태를 유지하면서 자신에게 주어진 임무를 지속하도록 동작해야 합니다.

하지만 애플리케이션의 일생은 항상 생각하지 못한 변수 때문에 위기를 겪습니다. 개발자가 잘못 작성한 코드에 의해서 애플리케이션이 스스로 종료 절차에 들어가기도 하고, 생각하지도 못한 사용자의 증가로 인해 메모리가 가득 차거나 CPU의 한계를 넘어서서 운영체제나 가상머신이 애플리케이션을 죽여 버리기도 합니다. 이렇게 발생하는 의도하지 않은 애플리케이션의 종료는 운영 환경의 관점에서 어마어마한 사고에 해당합니다.

많은 개발자들이 이런 사고를 방지하기 위해서 애플리케이션 곳곳에 방어적인 코드를 추가했습니다. 애플리케이션이 돌아가는 하드웨어의 사양을 넉넉하게 지정하고, 갑작스럽게 사용량이 증가해도 버티도록 아키텍처를 견고하게 설계하려고 노력했습니다. 또한 많은 운영자들은 다수의 서버가 함께 동작하도록 구성하거나 사고가 터졌을 때 바로 대응할 수 있도록 견고한 경보 및 대응 체계를 마련하는 등 예상하지 못한 서비스 중단을 막기 위해 애썼습니다.

1

하지만 안타깝게도 모든 상황을 미리 예상하고 완벽하게 방어하는 것은 불가능합니다.

최근의 소프트웨어 개발 및 운영 트렌드는 '단 하나의 문제도 발생하지 않도록(zero defect)'에서 '결함이 발생하더라도 견딜 수 있도록(fault tolerance)'으로 빠르게 변화했습니다. 이러한 트렌드 변화에서 클라우드 서비스와 쿠버네티스의 역할은 두드러졌는데, 많은 장애상황들을 극복할 수 있도록 네트워크의 로드 밸런싱(load balancing)이나 장애 감지와 모니터링, 다양한 보안 정책과 백업 시스템 등을 제공해 주었던 것입니다.

특히나 쿠버네티스는 예상하지 못한 애플리케이션의 종료에 대응하여 새로운 애플리케이션을 알아서 실행하는 셀프 힐링(self-healing) 기능을 제공해 주었습니다. 이는 많은 엔지니어들이 가장 사랑하는 문제 해결법인 '잘 모르겠지만 일단 껐다 켠다'를 자동화시켜 주었습니다.

'우리가 만든 애플리케이션은 절대 어떤 상황에서도 꺼지지 않도록 지켜줘야 해'라는 과거의 보편적인 인식이 '쿠버네티스가 애플리케이션을 잘 종료하고 실행할 수 있도록 대비해야 해'로 바뀌어 가면서 많은 개발자들은 평소에 관심을 가지지 않았던 내용에 대해 어색한 의문을 가지게 되었습니다. 과연 애플리케이션을 잘 종료하고 잘 실행한다는 것은 어떤 의미일까요?

1.1 평범하게 애플리케이션 켜고 끄기

1.1.1 명령어를 이용한 애플리케이션 실행과 종료

애플리케이션을 실행하는 것은 간단합니다. 많이들 사용하는 스프링 부트(Spring Boot) 프레임워크로 my-app이란 애플리케이션을 만들었다고 가정하면 다음과 같은 명령어로 실행할 수 있습니다.

```
$ java -jar my-app.jar
```

이렇게 실행한 애플리케이션은 종료 명령이 들어오기 전까지는 영원히 실행 상태를 유지하면서 사용자의 요청을 처리합니다.

실행한 애플리케이션을 종료하는 것도 어렵지 않습니다. 애플리케이션이 터미널 창에 로그를 출력하고 있는 상황이라면 간단히 Ctrl+C 키를 누르면 되고, 애플리케이션을 백그라운드에서 실행한 상황이라면 프로세스ID를 찾아서 kill 명령을 주면 됩니다.

예를 들어 방금 실행한 애플리케이션의 프로세스ID가 1234라면 다음과 같은 명령어로 애플리케이션을 종료할 수 있습니다.

```
$ kill -9 1234
```

만약 이 애플리케이션을 컨테이너 형태로 실행한다면 먼저 다음과 같이 Dockerfile을 정의하면 됩니다.

코드 1-1 **chapter1/Dockerfile**

```
FROM openjdk

COPY build/app.jar app.jar
ENTRYPOINT ["java","-jar","/app.jar"]
```

이후 다음 명령으로 애플리케이션을 컨테이너 이미지로 만들 수 있습니다.

```
$ docker build . -t my-app:1.0.0   ❶
```

> ❶ 현재 디렉터리의 Dockerfile을 1.0.0 태그를 가진 my-app 이미지로 빌드합니다.

만들어진 이미지는 다음 명령으로 실행합니다.

```
$ docker run -p8080:8080 my-app:1.0.0   ❶
```

> ❶ 1.0.0 태그를 가진 my-app 이미지를 실행합니다. 이때 -p8080:8080 옵션은 컨테이너 내부의 8080 포트를 호스트의 8080 포트로 매핑하라는 의미입니다.

실행한 컨테이너를 종료하려면 다음 명령어를 사용하면 됩니다.

```
$ docker stop my-app
```

이렇게 도커의 docker run과 docker stop 명령어를 이용하여 애플리케이션을 켜고 끄는 것은 java와 kill 명령어의 조합과 비교해 형태는 다소 다르지만 기본적인 원리를 비슷합니다. 실행 명령어로 애플리케이션을 실행하여 프로세스를 운영체제 혹은 도커의 관리하에 두고, 외부에서 종료 명령을 전달하여 운영체제나 도커가 애플리케이션을 종료하고 자원을 회수하도록 해 줍니다.

1.1.2 쿠버네티스를 이용한 애플리케이션의 실행과 종료

만들어진 애플리케이션을 실행하면 프로세스가 되고, 만들어진 이미지를 실행하면 컨테이너가 되는 것처럼 쿠버네티스에서 실행되는 애플리케이션은 파드(pod)가 됩니다. 파드는 쿠버네티스에서 실행하기 위해 배포 가능한 가장 작은 컴퓨팅 단위입니다.

예를 들어서 my-app이라는 컨테이너 이미지를 파드로 정의하여 쿠버네티스에서 실행하려면 다음과 같이 정의합니다.

코드 1-2 **chapter1/my-pod.yaml**

```
apiVersion: v1      ❶
kind: Pod           ❷
metadata:
  name: my-pod      ❸
spec:
containers:              ❹
  - name: my-container   ❺
  image: my-app:1.0.0    ❻
  ports:
  - containerPort: 8080  ❼
```

❶ 이 파일이 정의하는 오브젝트의 버전을 명시합니다. 파드는 항상 v1입니다.

❷ 이 아래에 정의한 명세가 파드임을 의미합니다.

❸ 생성할 파드의 이름을 명시합니다.

❹ 일반적으로 하나의 파드는 하나의 컨테이너를 가지지만 필요에 따라 다수의 컨테이너를 정의할 수도 있습니다.

❺ 정의할 컨테이너의 이름을 명시합니다.

❻ 컨테이너가 사용할 이미지의 이름과 태그입니다.

❼ 컨테이너가 외부에 노출한 포트가 있다면 명시합니다.

my-pod라는 이름의 파드를 정의했습니다. 이 파드는 my-app:1.0.0 이미지를 my-container라는 이름으로 사용하며, 네트워크 포트는 8080입니다. 이렇게

파드를 정의했다면 다음과 같은 명령어로 쿠버네티스에 애플리케이션을 띄울
수 있습니다.

```
$ kubectl apply -f my-pod.yaml
pod/my-pod created
```

실행한 파드를 종료하려면 다음 명령어를 사용합니다.

```
$ kubectl delete pods my-pod
pod "my-pod" deleted
```

쿠버네티스에서 애플리케이션을 실행하고 종료하는 과정과 흐름은 java나
docker 명령어를 쓰는 방식과 비슷합니다. 오히려 복잡한 파드 정의 파일을 만
들고 이를 다시 명령어로 실행해 주는 쿠버네티스의 방식이 다소 복잡하게 느
껴집니다.

　하지만 이런 과정은 쿠버네티스의 장점을 활용하기 위해서 꼭 필요합니다.
이 과정을 이해하려면 먼저 kubectl apply 명령어와 kubectl delete 명령어를
실행했을 때 쿠버네티스가 어떻게 파드를 실행하고 종료하는지에 대해서 알아
볼 필요가 있습니다.

1.2 쿠버네티스 파드의 생애주기

1.2.1 쿠버네티스가 파드를 실행하는 방법

쿠버네티스는 스스로를 컨테이너 오케스트레이션 도구라고 정의합니다. 이는
사용자가 kubectl apply 명령어를 전달했을 때 컨테이너 혹은 컨테이너의 실
행에 필요한 환경의 구성을 모두 처리해 주기 때문입니다. kubectl apply는 쿠
버네티스에 적용하고 싶은 오브젝트의 명세를 전달하는 명령어입니다. 예를
들어 이 명령어를 이용해 쿠버네티스에 파드 명세를 전달해 주면 쿠버네티스
는 파드를 생성하거나 생성한 파드를 명세에 맞게 수정합니다.

　이때 명세에 적혀 있지 않은 값은 관례에 의해 기본값을 사용하거나 상황에
따른 최적의 값으로 대체하여 파드를 생성합니다. 이러한 성격은 파드를 포함
한 모든 쿠버네티스 오브젝트가 가지고 있기에, 개발자들은 필요한 최소한의

정보만 쿠버네티스에 전달하면 됩니다.

 쿠버네티스 시스템의 구성은 매우 단순하게 표현하자면 '쿠버네티스는 마스터 노드(master node)와 워커 노드(worker node)의 조합'으로 볼 수 있습니다. 워커 노드는 파드 단위로 포장된 애플리케이션이 실제로 올라가는 노드이며, 마스터 노드는 kubectl apply와 같은 명령을 전달받아서 적당한 워커 노드를 찾아서 파드를 올리고 그 상태를 관리하는 노드입니다. 마스터 노드와 워커 노드를 모두 합쳐서 쿠버네티스 클러스터(Kubernetes Cluster)라고 지칭합니다.

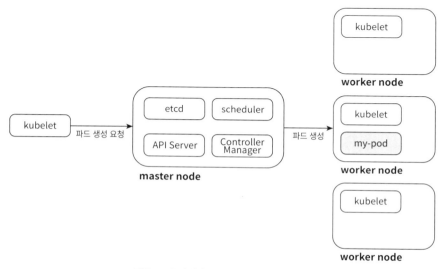

그림 1-1 쿠버네티스 클러스터의 파드 실행 구조

마스터 노드에 파드를 생성해 달라는 요청을 전달하면, 마스터 노드에 위치한 쿠버네티스 스케줄러(Kubernetes Scheduler)는 해당 파드를 실행하기에 적당한 워커 노드를 선택합니다. 노드를 선택할 때 기준이 되는 규칙이 몇 가지 있는데, 일반적으로 쿠버네티스는 최대한 여유 있는 노드에 파드를 배치하려는 성향을 가지고 있습니다.

 이렇게 적당한 워커 노드를 선택하면 쿠버네티스는 각 워커 노드에서 파드의 관리를 담당하는 에이전트인 kubelet에 파드의 명세를 전달합니다. kubelet은 전달받은 명세에 기술된 컨테이너 이미지를 다운로드한 뒤 워커 노드에서 실행해 줍니다. 이러한 실행 과정이 모두 정상적으로 이루어진 경우 쿠버네티스는 파드를 Running 상태로 표시합니다.

```
$ kubectl apply -f my-pod.yaml
pod/my-pod created
$ kubectl get pods
NAME       READY    STATUS      RESTARTS    AGE
my-pod     1/1      Running     0           14s
```

1.2.2 파드의 실행이 실패했을 경우 쿠버네티스의 동작

파드의 실행이 실패할 수도 있습니다. 대표적으로 주어진 컨테이너 이미지를 받아오지 못하는 경우입니다. 이미지의 주소나 태그가 잘못되었을 때, 인증이 필요한 저장소에 접근해야 하는데 인증을 하지 못할 때, 네트워크 연결에 실패할 때 등 다양한 경우에 쿠버네티스는 실행하기 위한 이미지를 받아오지 못합니다.

이때 쿠버네티스는 파드의 상태를 ErrImagePull로 표시한 뒤 잠시 기다렸다가 ImagePullBackOff 상태로 전환하고, 이미지를 다시 받아오려 시도합니다.

```
apiVersion: v1
kind: Pod
metadata:
  name: my-pod
spec:
  containers:
  - name: my-container
    image: my-app:1.0.0-xyz    ❶
    ports:
    - containerPort: 8080
```

❶ 이미지의 태그를 존재하지 않는 버전인 1.0.0-xyz로 변경하였습니다.

```
$ kubectl apply -f my-pod.yaml
pod/my-pod configured    ❶
$ kubectl get pods
NAME       READY    STATUS             RESTARTS    AGE
my-pod     0/1      ErrImagePull       0           7s
$ kubectl get pods    ❷
NAME       READY    STATUS             RESTARTS    AGE
my-pod     0/1      ImagePullBackOff   0           23s
```

❶ 이미 존재하는 파드를 수정해서 다시 적용한 경우 최초 생성할 때와 메시지가 조금 다릅니다.

❷ 약간의 간격을 두고 파드 목록을 조회해 보면 상태가 바뀌는 것을 확인할 수 있습니다.

이 문제가 해결될 때까지 쿠버네티스는 주기적으로 이미지를 다시 받아오려는 시도를 영원히 반복합니다. 만약 중간에 네트워크 연결을 복구하거나, 맞는 이미지를 저장소에 올려주는 등의 조치를 했다면 별다른 명령을 내리지 않아도 알아서 다음 주기에 이미지를 받아오고 파드를 실행합니다. 그리고 파드를 Running 상태로 표시해 줍니다.

이러한 동작은 이미 파드를 너무 많이 실행해서 적당한 워커 노드를 찾지 못한 경우, 혹은 파드의 실행 과정에서 문제가 생겨 프로세스를 정상적으로 실행하지 못한 경우 등 다양한 실패 상황에서 동일하게 적용됩니다.[1]

☑ 파드의 단계

쿠버네티스의 파드는 진행 상황에 따라 총 5개 중 하나의 단계를 가지게 됩니다. 이는 쿠버네티스가 주기적으로 확인한 파드의 현재 상태를 표기한 것으로, 상태 기계(state machine)[1]와 같이 특정 단계가 규칙에 따라 다른 단계로 전이(transition)되는 특성을 가지지는 않습니다. 파드의 다섯 가지 단계는 다음과 같습니다.

* Running: 파드가 정상적으로 실행되고 있습니다.
* Pending: 파드를 실행하고 싶지만 하지 못하는 상황입니다. 파드가 너무 많이 실행되어서 파드를 배치할 노드를 찾지 못했을 때 자주 볼 수 있습니다.
* Succeeded: 파드가 정상적으로 종료된 상태입니다.
* Failed: 파드 내 한 개 이상의 컨테이너가 비정상적으로 종료된 상태입니다.
* Unknown: 쿠버네티스가 파드의 상태를 확인할 수 없는 상황입니다. 마스터 노드와 워커 노드 사이의 네트워크 연결이 불안정한 상황 등에서 가끔 볼 수 있습니다.

---

1 상태 기계란 규칙에 따라 움직이는 기계를 의미합니다. 특정 상태에서 전이할 수 있는 다른 상태와 규칙은 사전에 정의되어 있습니다.

1.2.3 파드가 중간에 종료되었을 경우 쿠버네티스의 동작

파드를 정상적으로 실행하여 Running 상태가 된 뒤, 중간에 예상치 못한 오류로 파드의 실행이 중단된 경우에도 쿠버네티스는 기본적으로 해당 파드를 재실행해 줍니다. 재실행 방식은 파드의 재시작 정책에 따라 달라집니다.

> **☑ 파드의 재시작 정책**
>
> 파드가 중단되었을 때 쿠버네티스가 어떻게 대처할지는 restartPolicy에서 정의합니다.
> restartPolicy에는 다음과 같이 크게 세 가지 옵션이 있습니다.
>
> - Always: 어떤 경우에도 파드를 다시 실행합니다.
> - OnFailure: 파드가 비정상 종료되었을 때만 다시 실행합니다.
> - Never: 파드를 다시 실행하지 않습니다.

재시작 정책이 Never인 경우 파드는 과거 일반적인 프로세스나 도커를 이용하여 애플리케이션을 실행하던 시절과 비슷하게 동작합니다. 종료된 파드를 다시 실행하지 않고 엔지니어의 판단에 맡기는 것입니다.

엔지니어가 눈에 불을 켜고 프로세스의 동작 상태를 모니터링하는 경우에는 적절히 대응할 수 있겠지만, 그런 경우에도 대부분은 일단 프로세스를 다시 실행해서 서비스를 지속한 뒤 원인을 찾는 방식으로 대응합니다.

이러한 대응은 쿠버네티스의 Always 정책과 유사한데, 쿠버네티스는 명세에 restartPolicy를 지정하지 않았을 경우 엔지니어들의 뿌리 깊은 관례에 따라 Always 정책을 디폴트값으로 사용합니다.

다만 Always 정책은 우발적인 종료가 아닌 의도적인 종료 상황에도 파드를 재실행하기에 개발자가 애플리케이션을 명시적으로 종료할 방법이 없다는 문제를 발생시키기도 합니다. 그래서 의도적인 종료에는 파드를 재실행하지 않고, 우발적인 종료에만 재실행하고자 하는 경우에는 OnFailure 정책을 지정할 수 있습니다.

이는 쿠버네티스가 애플리케이션의 종료 코드를 확인하여 0일 경우 정상적인 종료라 판단하고 파드를 재실행하지 않으며, 0이 아닐 경우 비정상적인 종료라 판단하고 파드를 재실행해 주도록 할 수 있습니다.

```
apiVersion: v1
kind: Pod
metadata:
  name: my-pod
spec:
  containers:
  - name: my-container
    image: my-app:1.0.0
    ports:
    - containerPort: 8080
    restartPolicy: OnFailure
```

하지만 대부분의 경우 파드의 정상적인 종료와 비정상적인 종료를 구분할 필요는 없고, OnFailure 정책을 사용해야 하는 상황도 많지 않습니다.

쿠버네티스를 이용하여 구동하는 애플리케이션은 대부분 중단 없이 계속 서비스를 제공하려는 의도로 실행하는 경우가 많습니다. 재실행 정책은 일부 특수한 상황을 제외하면 거의 대부분 Always로 간주합니다. 때문에 쿠버네티스에서 애플리케이션을 종료할 때 사용하는 명령어 역시 파드를 중단하는 kubectl stop pods가 아닌 쿠버네티스 클러스터에 적용된 파드의 정의 자체를 삭제해 버리는 kubectl delete pods를 사용합니다.

1.3 프로브를 이용해 애플리케이션을 안정적으로 시작하고 유지하기

쿠버네티스가 어떤 상황에서도 파드를 안정적으로 유지할 수 있는 이유는 주기적으로 파드의 상태를 확인하고 만약 파드가 응답이 없거나 비정상적인 상태를 보고한다면 파드 재시작 등 필요한 조치를 취하기 때문입니다. 쿠버네티스가 아니더라도 많은 곳에서 애플리케이션이나 프레임워크가 필요한 외부 자원의 상태를 주기적으로 확인하기 위해 상태 확인 API(health check API)를 호출하거나 핑(ping)을 날려보는 패턴을 확인할 수 있습니다.

그런데 쿠버네티스는 파드의 상태는 확인할 수 있지만 파드 내부에서 실행된 애플리케이션의 상태를 완벽하게 알 수는 없습니다. 쿠버네티스는 파드 내에 실행된 컨테이너들의 프로세스가 정상 상태인지 확인하여 파드의 상태를 결정합니다. 하지만 애플리케이션은 프로세스가 정상이더라도 네트워크 오류, 프로그램의 버그, 외부 자원과의 연결 끊김 등 다양한 이유로 느려지거나 본래의 기능을 못할 수 있습니다.

따라서 애플리케이션이 안정적으로 서비스를 유지하기 위해서는 쿠버네티스가 파드뿐만이 아니라 애플리케이션의 상태를 주기적으로 확인할 수 있도록 해 줄 필요가 있습니다. 쿠버네티스에서는 이러한 상태 확인 방법을 프로브(probe)라고 부릅니다.

☑ 쿠버네티스 프로브의 종류

쿠버네티스의 프로브는 총 세 가지 종류가 존재합니다.

- 활성 프로브(liveness probe): 컨테이너가 실행하는 애플리케이션이 정상인지 판단합니다. 주로 실행 중 문제가 발생한 애플리케이션을 확인하기 위해 사용합니다.
- 준비성 프로브(readiness probe): 컨테이너 내의 애플리케이션이 서비스를 시작할 준비가 되었는지 판단합니다. 준비 완료된 애플리케이션을 네트워크에 연결해 주기 위해 사용합니다.
- 스타트업 프로브(startup probe): 애플리케이션이 주어진 시간 내에 시작했는지를 판단합니다. 주어진 시간 내에 준비가 완료되지 못한 애플리케이션을 판단하기 위해 사용합니다.

파드가 워커 노드에 배치되어 실행이 완료되면 쿠버네티스는 스타트업 프로브를 이용해 애플리케이션이 정해진 시간 내에 준비되었는지 판단합니다. 준비성 프로브와 활성 프로브는 스타트업 프로브의 확인이 정상적으로 끝난 후에 동작하기 시작합니다.

모든 프로브는 따로 명시하지 않을 경우 항상 성공 상태로 간주됩니다. 예를 들어서 쿠버네티스 1.20 버전에 새로 추가된 스타트업 프로브는 대부분의 환경에서 사용하지 않는 경우가 많은데, 이 경우 쿠버네티스는 파드의 기동과 동시에 준비성 프로브와 활성 프로브를 확인하기 시작합니다.

준비성 프로브는 파드가 실행되어 스타트업 프로브의 검사가 끝난 이후 검사를 시작합니다. 준비성 프로브의 검사에 성공하면 쿠버네티스는 해당 파드를 네트워크에 연결하여 서비스를 제공하게 합니다. 활성 프로브 역시 스타트업 프로브에 성공한 후 검사를 시작하는데, 성공하면 더 이상 검사를 하지 않는 준비성 프로브와 달리 주기적으로 애플리케이션의 상태를 검사합니다.

이러한 프로브의 성격을 활용하여 쿠버네티스에 올라가는 애플리케이션을 훨씬 안정적으로 동작하도록 만들어 줄 수 있습니다. 여기서는 실제로 사용하는 경우가 다소 드문 스타트업 프로브를 제외하고 많이 사용되는 활성 프로브와 준비성 프로브를 이용하는 방법에 대해 알아보겠습니다.

1.3.1 활성 프로브를 이용해 비정상적으로 동작하는 애플리케이션 걸러 내기

예상하지 못한 오류로 애플리케이션의 실행이 중단되는 상황은 개발자가 상상할 수 있는 최악으로 보이지만, 사실 더 나쁜 건 오류가 발생한 애플리케이션이 종료되지도 않는 상황입니다. 애플리케이션의 프로세스가 정상적으로든 비정상적으로든 종료된 경우 적절한 절차를 통해 애플리케이션을 복구할 수 있지만 애플리케이션이 멈춰 버린 경우에는 적절한 대응을 하지 못해 장애가 계속될 수 있습니다.

쿠버네티스는 프로세스가 살아 있지만 정상적으로 동작하지 않는 애플리케이션을 바로 알아차리지 못합니다. 이런 경우 개발자들이 쿠버네티스에 애플리케이션의 상태를 알려줄 수 있습니다.

다음과 같이 컨테이너 명세에 활성 프로브(liveness probe) 정의를 추가합니다.

코드 1-3 **chapter1/my-pod-02.yaml**

```
apiVersion: v1
kind: Pod
metadata:
  name: my-pod
spec:
  containers:
  - name: my-container
    image: my-app:1.0.0
    ports:
    - containerPort: 8080
```

```
livenessProbe:
  httpGet:                        ❶
    path: /api/healthcheck        ❷
    port: 8080                    ❸
  initialDelaySeconds: 10         ❹
  periodSeconds: 5                ❺
  failureThreshold: 3             ❻
  timeoutSeconds: 3               ❼
```

❶ 상태 확인을 HTTP GET 요청을 통해 하겠다는 의미입니다. HTTP 요청 외에도 명령어 실행, TCP 소켓, gRPC 요청 등의 방식을 지정할 수 있습니다.

❷ 상태 확인에 필요한 HTTP 요청 경로입니다.

❸ 상태 확인에 사용할 HTTP 포트 번호입니다.

❹ 파드 시작 후 상태 확인을 시작할 때까지의 지연 시간을 초 단위로 지정합니다.

❺ 상태 확인을 반복할 주기입니다.

❻ 상태 확인에 몇 번 실패해야 파드가 비정상이라고 판단할지 지정합니다.

❼ 상태 확인에 응답이 오지 않을 때 실패로 판단할 타임아웃 시간을 지정합니다.

예제의 설정에서는 파드를 실행한 뒤 10초를 기다리고 이후 5초에 한 번씩 컨테이너의 8080 포트에 /api/healthcheck 경로로 GET 요청을 보냅니다. 만약 이 요청이 세 번 연속으로 실패한다면 쿠버네티스는 이 컨테이너가 정상이 아니라고 판단하고, 컨테이너가 속한 파드를 종료한 후 새로운 파드를 실행합니다.

요청이 세 번 연속으로 실패한다는 것은 크게 두 가지로 생각할 수 있습니다. 하나는 요청을 보냈으나 timeoutSeconds에 정의한 3초의 시간이 지날 때까지 응답이 없는 경우입니다. 주로 애플리케이션이 처리 능력을 넘어서는 요청을 받아서 지연이 점점 심해지는 경우나 어떤 요청도 처리할 수 없을 만큼 완전히 프로세스가 멈춰버린 경우, 해당 파드가 실행된 워커 노드가 모종의 이유로 네트워크 연결이 불가능한 경우 등이 있습니다.

다른 하나는 응답이 시간 내에 오기는 했지만 응답코드가 정상범위가 아닌 경우입니다. 이 역시 일반적인 관례에 따라 응답코드가 200에서 399 사이인 경우 컨테이너가 정상, 400 이상인 경우 비정상으로 판단합니다. 애플리케이션이 비정상 응답을 보낸 경우는 대부분 개발자가 해당 API를 처리할 때 비정상 코드를 반환한 경우입니다.

이런 지식을 바탕으로 /api/healthcheck 요청을 처리하기 위한 API를 만든다면 다음과 같은 코드를 생각해 볼 수 있습니다.

코드 1-4 **chapter1/HealthcheckController.java**

```java
@RestController
public class HealthcheckController {

    private boolean isDatabaseOk() {
        return true;
    }

    @GetMapping("/api/healthcheck")   ❶
    public String livenessCheck() {
        if (!isDatabaseOk()) {   ❷
            throw new ResponseStatusException(HttpStatus.SERVICE_UNAVAILABLE);   ❸
        }
        return "OK";   ❹
    }
}
```

❶ /api/healthcheck로 들어오는 GET 요청과 메서드를 매핑합니다.

❷ 데이터베이스의 정상 유무를 판단합니다. 보통은 현재 시각 조회 등 간단한 쿼리를 날려서 확인합니다.

❸ 데이터베이스가 정상이 아닌 경우 503 Service Unavailable 오류를 반환합니다. 쿠버네티스는 400 이상의 상태 코드는 오류로 간주합니다.

❹ 정상적인 응답을 반환할 경우 스프링은 200 OK의 상태코드를 반환합니다.

이 메서드를 살펴보면 /api/healthcheck에 GET 방식의 요청이 들어오면 데이터베이스와의 연결을 검사하고 문제가 있을 경우 예외를 발생시켜 오류 응답을 반환합니다. 만약 모든 검사에 통과할 경우 OK 문자열을 반환하는데, 관례에 의해서 이 응답은 응답코드 코드 200을 반환합니다. 이런 응답을 받은 쿠버네티스는 애플리케이션이 정상인지 아닌지 판단할 수 있습니다.

다만 활성 프로브를 위한 API에서 서버에 연결된 모든 미들웨어의 상태를 다 체크할 필요는 없습니다. 활성 프로브의 주 목적은 서버 프로세스가 정말 살아 있는지, 그리고 요청에 대해 응답을 보낼 여력이 있는지를 확인하고자 하는 것뿐입니다.

'데이터베이스가 비정상이라면 애플리케이션은 제대로 응답할 수 없는데?'라는 생각이 들 수 있습니다. 하지만 데이터베이스가 비정상이어서 애플리케이션이 503 Service Unavailable 오류를 반환하면 쿠버네티스는 데이터베이스를 복구해 주는 것이 아니라 죄 없는 우리 애플리케이션을 종료한 뒤 다시 실행해 버립니다. 이는 오히려 장애를 확대하는 조치가 될 수도 있습니다.

그래서 가급적이면 활성 프로브를 처리할 때 코드에서 확인하는 내용은 파드 내부의 자원에 한정하는 것이 좋습니다. 하지만 저장공간과 같은 파드 내부의 자원들은 거의 사용하지 않거나 사용하더라도 특별히 문제가 될 여지가 없기 때문에 일반적으로 활성 프로브에 대한 처리는 허무할 정도로 간단하게 끝납니다.

```
@GetMapping("/api/healthcheck")
public String livenessCheck() {

    return "OK";
}
```

사실 애플리케이션의 실행 상태를 주기적으로 검사하는 패턴은 쿠버네티스가 아니더라도 매우 광범위하게 사용하는 방식이기 때문에 이런 API를 만들어주는 것이 특별하다고 느껴지지는 않을 수도 있습니다. 하지만 오류가 없는 애플리케이션이 아닌 오류에 강한 내성을 가진 애플리케이션을 만들기 위해서는 오류의 발생 여부를 빠르게 판단하는 것이 정말 중요합니다. 이런 방식의 개발을 강력히 지지해 주는 환경이 쿠버네티스입니다.

따라서 쿠버네티스에서 실행할 것을 염두에 두고 개발을 한다면 프로젝트를 시작하자마자 3줄 남짓한 코드로 활성 프로브를 만들어주고 시작하시기 바랍니다. 이것은 쿠버네티스를 염두에 두고 애플리케이션을 개발하고자 할 때 좋은 습관이 될 수 있습니다.

1.3.2 준비성 프로브를 이용한 서비스 시작 시점 결정

간단한 서버 애플리케이션을 만들어서 쿠버네티스에 올리는 과정을 생각해 보겠습니다. 서버 애플리케이션은 들어오는 API 요청을 처리할 수 있는 몇 개의 엔드포인트(endpoint)를 가지고 있습니다. 앞에서 설명했던 것처럼 쿠버네티스는 별다른 문제가 없다면 파드의 상태를 Running으로 바꿔줄 것입니다. 파드가 Running 상태로 바뀌었다면 외부 요청에 대한 처리가 가능한 상태라고 판단했다는 뜻입니다. 이 말은 바꿔 말하면 파드가 Running 상태로 바뀌자마자 정의된 API 엔드포인트로 요청이 들어오기 시작한다는 의미입니다.

일반적으로 파드가 실행하자마자 바로 요청을 처리하는 것이 큰 문제는 아닙니다. 하지만 일반적이지 않은 상황에서는 문제가 생길 수도 있습니다. 예를 들어서 우리가 만든 서비스가 너무 인기가 좋아서 사용자의 요청이 물밀듯이 밀려오는 상황을 가정해 보겠습니다.

이미 사용자가 많아질 것을 예상하고 파드를 평소보다 많은 5개를 실행했지만 사용자의 급증세가 예상을 뛰어넘는 수준입니다. 5개 파드의 처리 능력은 점점 한계에 다다르고 응답도 느려지고 있습니다. 이를 유심히 지켜보던 엔지니어가 재빠르게 6번째와 7번째 파드를 실행해서 요청을 분산하고 다른 파드의 부담을 줄여 주려고 했습니다. 그러면 어떤 일이 벌어질까요?

쿠버네티스는 대체로 들어온 요청을 모든 파드에 균형 있게 나누어 줍니다. 바꾸어 말하면 6번째와 7번째 파드는 프로세스가 올라가자마자 엄청난 양의 요청을 분배 받아서 처리해야 한다는 말입니다. 하지만 보통 서버 애플리케이션은 프로세스가 뜬 직후 바로 요청을 처리하지는 못합니다. 사용할 오브젝트들을 초기화하고, 데이터베이스나 메시지 큐와 같이 요청 처리에 필요한 다른 서비스들과 연결하는 등 일련의 준비 과정을 위한 시간이 필요하기 때문입니다. 때문에 애플리케이션은 Running 상태로 바뀐 직후에도 적어도 몇 초, 혹은 몇 분까지도 업무 준비를 하느라 정신없는 상태가 됩니다.

이때 외부 요청이 몰려든다면 해당 요청을 처리할 준비가 안 된 파드는 요청을 쌓아둘 것이고 이것이 몰리면 결국 응답의 지연이 발생할 수밖에 없습니다. 최악의 상황에서는 우리가 앞에서 정의한 활성 프로브에 대한 응답조차 지연되면서 업무 준비에 한창이던 파드를 쿠버네티스가 죽여 버리고 모든 요청이 유실되는 상황이 반복될 수도 있습니다.

이런 문제는 쿠버네티스가 애플리케이션의 실행 여부를 단순히 프로세스가 실행되었는지로만 판단하고 애플리케이션 내부의 사정까지 세심하게 파악하지는 않기 때문에 발생합니다. 다행히도 1.3.1절에서 쿠버네티스가 잘 모르는 부분에 가성비 좋은 연결점을 만들어 줘서 상황을 개선한 경험이 있습니다.

이와 마찬가지로 애플리케이션이 정말로 요청을 처리할 준비가 되었는지에 대해서 알려주는 준비성 프로브를 다음과 같이 정의할 수 있습니다.

코드 1-5 **chapter1/my-pod-03.yaml**

```yaml
apiVersion: v1
kind: Pod
metadatas:
  name: my-pod
spec:
  containers:
  - name: my-container
    image: my-app:1.0.0
    ports:
    - containerPort: 8080
    readinessProbe:
      httpGet:
        path: /api/ready
        port: 8080
      initialDelaySeconds: 20
      periodSeconds: 3
      timeoutSeconds: 3
```

준비성 프로브의 정의는 활성 프로브의 정의와 매우 유사합니다. 쿠버네티스는 준비성 프로브의 체크에 성공하기 전까지는 해당 파드를 네트워크에 연결하지 않고, 외부 요청을 라우팅해 주지도 않습니다. 따라서 준비성 프로브 정의의 initialDelaySeconds는 해당 애플리케이션이 실행해서 초기화를 포함한 모든 준비를 마치는 평균적인 시간, 혹은 그보다 약간 짧은 시간으로 정의하는 것이 좋습니다. 만약 initialDelaySeconds가 지났을 때도 애플리케이션의 준비가 끝나지 않는다면 쿠버네티스는 periodSeconds에 설정한 주기에 맞춰서 준비성 프로브를 반복해서 검사하고 성공한 후에 파드를 네트워크에 연결합니다.

준비성 프로브에 대응하는 API를 만들어 주는 작업은 활성 프로브에 대응할 때보다는 생각할 부분이 약간 더 많습니다. '내가 정상인가?'를 반환해 주는 활성 프로브와 달리 준비성 프로브는 '내가 요청을 처리할 준비가 끝났는가?'를 판단하기 위해서 쓰이기 때문에 애플리케이션이 사용하는 외부 자원의 준비 여부를 판단하는 것이 적절할 수 있습니다. 예를 들어서 애플리케이션이 요청을 처리할 때 데이터베이스를 사용하는데, 그 데이터베이스가 정상이 아니라면 요청이 들어와도 반환해 줄 수 있는 건 오류 응답밖에 없습니다. 따라서 애초에 요청을 받지 않도록 준비성 프로브가 실패를 반환하는 것이 좋을 수 있습니다.

```
@GetMapping("/api/ready")
public String readinessCheck() {
    if (!isDatabaseOk()) {  // 데이터베이스에 이상이 있는 경우
        throw new ResponseStatusException(HttpStatus.SERVICE_UNAVAILABLE);
    }

    return "OK";
}
```

애플리케이션이 사용하는 외부 자원의 상태를 검사하는 방법은 자원의 종류와 사용하는 미들웨어의 종류 등에 따라 모두 다릅니다. 그래도 대체로 많은 미들웨어와 서비스들이 상태 검사를 위한 방법을 제공해 줍니다. 예를 들어서 레디스(Radis)의 경우 PING 명령을 보내서 응답으로 PONG이 오는지 확인할 수 있고, 데이터베이스의 경우 SELECT NOW()와 같은 쿼리를 날려서 정상적인 응답이 오는지 확인할 수 있습니다.

이렇게 다른 미들웨어나 서비스의 상태를 확인하는 패턴에서 기시감이 느껴지시는 분이 있을 수도 있습니다. 다른 서비스나 미들웨어가 제공해 주는 상태 확인 API는 우리가 만들어 봤던 활성 프로브 체크에 대응하기 위한 API와 형태와 동작이 유사합니다. 따라서 마이크로 서비스 아키텍처 형태로 여러 서비스들이 서로를 호출하면서 서비스를 제공하는 아키텍처를 만든다면 내 애플리케이션이 의존하는 다른 서비스들의 활성 프로브 API를 호출해서 내 애플리케이션의 준비성 여부를 판단할 수 있습니다.

1.4 애플리케이션을 우아하게 종료하기

1.4.1 애플리케이션을 잘 종료하지 않으면 생기는 문제점

준비성 프로브와 활성 프로브로 애플리케이션의 시작과 유지를 잘 처리했지만 애플리케이션의 종료에 대해서는 특별히 신경 쓸 부분이 없는 것처럼 보입니

다. 어떤 애플리케이션을 종료하는 상황은 보통 애플리케이션이 쓸모 없어졌을 때가 대부분입니다. 이 애플리케이션이 잘 사라지거나 혹은 뭔가 문제가 있더라도 더 이상 우리 서비스에 영향을 주지 않는다고 생각하기 때문입니다. 하지만 쿠버네티스를 연습하기 위해 kubectl apply와 kubectl delete 명령어로 파드를 실행하고 종료했던 적이 여러 번 있다면 약간 이상한 점을 느꼈을 수도 있습니다.

```
$ kubectl delete pods my-pod
pod "my-pod" deleted
(약간 기다린다)
```

보통 애플리케이션은 실행에 오랜 시간이 걸리고 종료는 애플리케이션의 크기나 상태에 관계없이 즉각 이루어진다고 생각하기 쉽습니다. 그런데 쿠버네티스에서 파드를 삭제하는 데는 꽤 오랜 시간이 걸립니다.

쿠버네티스가 파드를 종료할 때 정리할 것이 많아서 오래 걸리는 거라고 생각할 수 있습니다. 하지만 사실 쿠버네티스는 파드의 종료 명령을 받을 때부터 삭제가 완료되기까지 아무것도 하지 않습니다. 그냥 막연히 기다리는 것입니다. 이 딜레이는 애플리케이션의 종료가 생각보다 신경 쓸 것이 많은 작업임을 알려 주는 상징이라고 볼 수도 있습니다.

예를 들어 어떤 애플리케이션이 밀려드는 사용자의 요청을 처리하고 있다고 가정하겠습니다. 하나의 요청을 받아서 처리한 뒤 응답을 줄 때까지 평균적으로 3~4초 정도의 시간이 걸리며, 이 애플리케이션은 총 3개의 파드를 띄워서 요청을 분산 처리하고 있습니다.

그림 1-2 파드를 즉시 종료하면 발생하는 문제

이때 요청이 점점 줄어들고 관리자는 2개의 파드만 유지해도 충분하겠다는 판단을 할 수 있습니다. 그래서 시스템에 파드 숫자를 하나 줄이라는 명령어를 보냈고 쿠버네티스는 내부적인 판단에 따라 파드 A를 종료하기로 결정합니다.

그런데 파드 A를 종료하기로 결정하기 직전에 어떤 사용자가 보낸 새로운 요청이 파드 A에 도착했습니다. 그 직후 종료 명령이 도착했습니다. 만약 종료 명령이 도착했을 때 단순하게 모든 프로세스를 바로 내려버린다면, 파드 A에 도착한 사용자의 요청에 미처 응답하기도 전에 파드는 사라질 것입니다. 그리고 사용자는 클라이언트에서 타임아웃으로 인한 요청 실패 오류를 확인하게 될 것입니다.

예상치 못한 오류로 인해 파드를 종료하는 것이 아니라, 어떤 파드를 종료하고자 하는 결정이 충분한 고민 끝에 내려진 것이고, 이 상황이 모두 통제된 상황이라면 파드의 종료에 의해 어떤 사용자가 불편을 겪는 상황이 발생해서는 안 됩니다. 쿠버네티스에서 파드를 삭제하고자 했을 때 발생한 딜레이는 이런 불편을 겪는 상황을 방지하기 위한 것이기도 합니다만, 이 딜레이가 모든 것을 해결해 주는 것은 아닙니다. 개발자가 애플리케이션의 종료에 조금 더 신경을 써야 합니다.

1.4.2 애플리케이션의 우아한 종료 절차

이러한 문제를 해결하기 위한 애플리케이션의 종료 절차를 우아한 종료(graceful shutdown)라고 부릅니다. 우아한 종료 절차는 애플리케이션을 종료할 때 즉시 종료하는 것이 아니라 남아 있는 일들을 정리할 시간을 준 뒤 조율하는 방식을 말합니다. 쿠버네티스의 경우 다음과 같은 방식으로 우아한 종료 절차를 지원합니다.

1. 쿠버네티스 스케줄러가 파드에 대한 종료 명령을 받고 파드의 상태를 Terminating 상태로 표시합니다.
2. 파드에 더 이상 요청이 들어가지 않도록 서비스 대상에서 제외합니다.
3. 파드에 실행된 모든 컨테이너에 SIGTERM(-15) 신호를 보냅니다.

4. 모든 컨테이너가 해당 신호를 받고 프로세스를 스스로 종료하면 파드를 종료시킵니다.

5. 만약 프로세스가 종료되지 않을 경우 30초 기다립니다.

6. 30초가 지나도 프로세스가 종료되지 않으면 SIGKILL(-9) 신호를 보내서 강제 종료시킵니다.

따라서 우리가 만든 애플리케이션은 SIGTERM 신호를 받았을 때 30초 이내에 수행하고 있는 작업과 리소스를 모두 정리해야 합니다. 일반적인 요청과 응답 처리를 수행하는 서버 애플리케이션의 경우 더 이상 요청이 들어오지 않는 상태이므로 현재 처리하고 있는 요청에 대한 응답만 잘 보내주면 됩니다. 대부분의 경우 30초는 남아 있는 요청에 대한 응답을 보내기에 충분한 시간입니다. 그렇지만 애플리케이션의 성격상 30초가 부족하다면 파드를 정의할 때 terminationGracePeriodSeconds 항목을 추가하여 늘려줄 수 있습니다.

```
apiVersion: v1
kind: Pod
metadatas:
  name: my-pod
spec:
  containers:
  - name: my-container
    image: my-app:1.0.0
    ports:
    - containerPort: 8080
    terminationGracePeriodSeconds: 60
```

1.4.3 우아하게 종료되는 애플리케이션 만들기

우아한 종료를 지원하기 위해 개발자들이 해야 할 일은 분명합니다. SIGTERM 신호를 받은 시점에 사용 중인 자원을 정리하고 애플리케이션을 정상 종료해주는 것입니다. 자원 정리 절차에 수행해야 하는 일들은 다양하지만 대체로 다음 순서로 작업을 수행합니다.

1. 메시지 큐와 같은 작업 큐에서 작업을 할당받아서 처리하는 애플리케이션인 경우 주어진 시간 내에 무조건 완료할 수 있는 작업을 제외하고는 모두

다시 작업 큐로 돌려보내거나 상태를 바꿔서 다른 파드가 작업을 수행하도록 합니다.

2. 처리 중인 데이터베이스 작업을 롤백(rollback)합니다.

3. 작성 중인 파일이 있다면 버퍼에 남아 있는 내용을 파일로 저장합니다.

4. 할당받아서 사용한 자원이 있다면 모두 릴리스합니다.

5. 처리하는 요청에 대해 주어진 시간 내에 응답을 보낼 것이 확실하지 않다면 빠르게 실패 응답을 보내서 클라이언트가 다른 파드로 요청을 재시도하도록 유도합니다.

SIGTERM 신호의 경우 많은 프레임워크에서 대체로 쉽게 처리할 수 있습니다. 예를 들어서 Node.JS의 경우 다음과 같은 코드로 신호를 받을 수 있습니다.

```
process.on('SIGTERM', () => {
  // 여기서 사용 중인 리소스를 정리합니다.
});
```

스프링 프레임워크의 경우 SIGTERM 신호를 처리하기 위해 다소 복잡한 방법을 사용해야 했습니다. 다행히도 스프링 부트 2.3 이상을 사용하는 경우 application.yaml과 같은 설정 파일에 다음과 같이 선언을 해주는 것으로 쿠버네티스의 우아한 종료 절차에 대응할 수 있게 되었습니다.

```
server:
  shutdown: graceful
```

이렇게 설정하면 스프링 부트 역시 SIGTERM 신호를 캐치했을 때 더 이상의 새로운 요청을 받지 않습니다. 그리고 모든 응답을 반환했을 때, 다시 말해서 메인 스레드를 제외한 모든 스레드가 종료된 뒤 프로세스를 종료합니다. 스프링 부트 역시 관례에 의해서 30초 기다린 뒤 프로세스를 강제 종료하므로 쿠버네티스와 스프링 부트 모두 일반적인 상황에서는 우아한 종료의 대기 시간을 별도로 설정하지 않아도 좋습니다.

만약 해당 파드를 종료할 때 애플리케이션 내부에서 자원을 정리하는 것에 한계가 있고, 프로세스 외부에서 해야 하는 작업이 있다면 쿠버네티스의

preStop 훅을 이용하여 처리할 수 있습니다. 여기에 명시된 작업은 쿠버네티스가 SIGTERM 신호를 보내기 전에 먼저 실행됩니다.

코드 1-6 **chapter1/my-pod-04.yaml**

```yaml
apiVersion: v1
kind: Pod
metadata:
  name: my-pod
spec:
  containers:
  - name: my-container
    image: my-app:1.0.0
    lifecycle:
      preStop:      ❶
        exec:       ❷
          command: ["echo","Hasta La Vista, Baby!"]
```

❶ 컨테이너가 종료되기 전에 실행되는 훅입니다. 컨테이너가 실행된 이후 실행하는 post Start 훅을 사용할 수도 있습니다

❷ 특정 명령어를 실행하도록 지정합니다. HTTP 요청을 보내도록 구성할 수도 있습니다.

2장

디플로이먼트를 이용해
애플리케이션을 중단 없이
업데이트하기

애플리케이션의 업데이트는 소프트웨어 엔지니어들에게 골치 아픈 문제였습니다. 애플리케이션을 업데이트하기 위해선 실행 중인 애플리케이션을 종료하고 새로운 애플리케이션을 실행해야 합니다. 하지만 애플리케이션을 종료하거나 실행하면 그 순간 그 애플리케이션에 연결된 모든 사용자들이 서비스를 사용하지 못하거나 예상하지 못한 응답을 받는 등 예상하기 어려운 문제점이 발생할 수 있습니다.

그래서 전통적인 애플리케이션 업데이트는 사용자에게 미리 공지 후 서비스를 중단시키고 그 시간대에 새로운 애플리케이션을 배포하는 방식으로 이루어졌습니다. 하지만 이런 방식은 여러 가지 이유로 한계를 보이기 시작했습니다.

사용자가 적은 새벽 시간대에 애플리케이션에 빠르게 수정해야 하는데, 그로 인해 치명적인 버그가 발견되더라도 긴급하게 대응하기 어려웠습니다. 그리고 정기적으로 대규모의 기능을 업데이트하기보다는 빠른 주기로 소규모의 기능을 수정하거나 추가하는 최근의 개발 트렌드에 대응하기도 적절하지 않았습니다.

이러한 한계를 극복하기 위해서 서비스를 중단하지 않고 애플리케이션을 업데이트하는 무중단 업데이트 기술이 점점 부각되기 시작했습니다. 무중단 배포는 애플리케이션의 구성요소를 모듈화하여 실행 중에 교체하는 핫스왑(hot swap) 기술이나 애플리케이션을 다수의 인스턴스로 실행한 뒤 순차적으로 교체하는 롤링 업데이트(rolling update) 기술, 현재 실행 중인 환경과 동일한 환경을 구성한 뒤 네트워크 라우팅 경로를 변경하는 블루-그린 배포(blue-green deployment) 등으로 달성할 수 있습니다.

하지만 이런 무중단 업데이트는 애플리케이션의 개발을 넘어서 애플리케이션이 구동되는 환경과 배포 과정, 네트워크 등을 모두 고려해야 하기에 개발자들에게는 자신의 능력만으로 달성하기 어려운 목표처럼 느껴졌습니다. 2장에서는 이런 어려운 무중단 업데이트를 쿠버네티스를 이용해 쉽게 달성할 수 있는 방법에 대해 알아보겠습니다.

2.1 디플로이먼트를 이용해 파드 생성하기

1장에서 애플리케이션을 실행하기 위해 파드라는 쿠버네티스 오브젝트를 사용했습니다. 그런데 파드를 하나만 실행하여 애플리케이션의 인스턴스가 하나만 존재하는 경우 애플리케이션의 가용성을 확보하기 어렵습니다. 따라서 대부분 애플리케이션의 인스턴스를 두 개 이상 실행시켜서 가용성을 확보합니다. 1장에서 사용했던 kubectl apply 명령어를 이용해서 파드를 두 개 실행해 보겠습니다.

```
$ kubectl apply -f my-pod.yaml
pod/my-pod created
$ kubectl apply -f my-pod.yaml
pod/my-pod unchanged
$ kubectl get pods
NAME    READY STATUS  RESTARTS AGE
my-pod 1/1    Running 0        40s
```

하지만 파드는 여전히 하나만 실행된 것을 확인할 수 있습니다. kubectl apply -f my-pod.yaml은 말 그대로 my-pod.yaml 파일에 정의된 오브젝트를 쿠버네티스에 적용하라는 의미입니다. 이 명령을 받은 쿠버네티스는 첫 번째 시도에서 my-pod라는 오브젝트를 쿠버네티스에 생성했습니다.

하지만 두 번째 명령어를 받았을 때는 이미 해당 오브젝트가 생성된 상태였고 my-pod.yaml 파일에 정의된 내용이 이미 생성된 오브젝트와 완전히 일치했기 때문에 굳이 새로운 오브젝트를 만들지 않았습니다.

두 개의 파드를 실행하기 위해서는 다음과 같이 다른 이름을 가진 파드를 정의해야 합니다.

코드 2-1 **chapter2/my-pod-02.yaml**

```
apiVersion: v1
kind: Pod
metadata:
  name: my-pod2
spec:
  containers:
  - name: my-container
    image: my-app:1.0.0
    ports:
    - containerPort: 8080
```

다른 정의는 동일하게 유지하고 이름만 my-pod2로 변경하였습니다. 이 파드를 생성해 보겠습니다.

```
$ kubectl apply -f my-pod-02.yaml
pod/my-pod2 created
$ kubectl get pods
NAME    READY STATUS  RESTARTS AGE
my-pod  1/1   Running 0        2m
my-pod2 1/1   Running 0        5s
```

새로운 파드가 생성된 것을 확인할 수 있습니다. 하지만 파드를 추가할 때마다 새로운 정의를 만드는 방식은 효율적이지 않습니다. 애플리케이션이 업데이트되어 컨테이너의 태그가 my-app:1.0.1로 변경되었다면 다섯 개의 파드 정의 파일을 하나씩 열어서 이미지 정의를 변경해야 합니다. 다섯 개의 파드를 하나씩 kubectl delete pod 명령어를 줘서 삭제하고, 다시 다섯 번의 kubectl apply 명령을 실행합니다.

쿠버네티스는 이런 경우에 대응하기 위해 레플리카셋(ReplicaSet)이라는 오브젝트를 제공합니다. 레플리카셋은 그 이름에서 알 수 있듯이 같은 명세를 가진 다수의 파드를 실행할 수 있도록 관리해 주는 오브젝트입니다.

하지만 레플리카셋은 파드의 숫자만을 관리해 주기 때문에 파드를 업데이트 해야 하는 경우에는 레플리카셋을 전부 삭제한 뒤 새로운 레플리카셋을 생성 하는 방법 외에는 대응하기가 어렵습니다. 그래서 쿠버네티스는 애플리케이 션의 업데이트와 같이 파드의 명세가 바뀌는 경우를 지원하기 위한 디플로이 먼트(Deployment)라는 오브젝트를 제공합니다. 많은 경우 파드의 업데이트는 필연적이기에 파드나 레플리카셋을 직접 배포하기보다는 디플로이먼트를 이 용하여 배포하는 것이 일반적입니다.

파드를 정의할 수 있다면 디플로이먼트를 정의하는 것은 어렵지 않습니다. 다음과 같이 디플로이먼트를 정의해 보겠습니다.

코드 2-2 **chapter2/my-deploy.yaml**

```
apiVersion: apps/v1 ❶
kind: Deployment       ❷
metadata:
  name: my-deploy
spec:
  replicas: 3 ❸
  selector:
    matchLabels:
      app: this-is-my-app   ❹
  template:                  ❺
    metadata:
      labels:
        app: this-is-my-app  ❻
    spec:
      containers:
      - name: my-app
        image: my-app:1.0.0
        ports:
        - containerPort: 8080
```

❶ 디플로이먼트는 apiVersion이 파드와 다르게 apps/v1입니다. 이 버전을 잘못 기재하는 실수가 자주 나오니 주의하는 게 좋습니다.

❷ 이 파일에서 정의하는 오브젝트가 디플로이먼트라고 명시합니다.

❸ 총 3개의 파드가 실행되도록 '유지하겠다'는 의미입니다. 유지하는 것의 정확한 의미는 2.2절에서 예제를 통해 알아봅니다.

❹ 이 디플로이먼트가 관리하는 파드는 app: this-is-my-app이라는 레이블을 가진 파드
   임을 명시합니다.

❺ 이 아래에는 파드의 명세를 기재합니다.

❻ 파드의 레이블을 app: this-is-app으로 명시하여 디플로이먼트의 관리 대상이 되
   도록 합니다.

이렇게 디플로이먼트를 정의하고 쿠버네티스에 배포해 보겠습니다. 우선 정확
한 동작을 확인하기 위해서 기존에 올려둔 파드가 있다면 삭제해 줍니다.

```
$ kubectl delete pods my-pod
pod "my-pod" deleted
$ kubectl delete pods my-pod2
pod "my-pod2" deleted
$ kubectl get pods
No resources found in default namespace.
```

그리고 디플로이먼트를 배포합니다. 이 명령어는 파드를 배포할 때와 동일합
니다.

```
$ kubectl apply -f my-deploy.yaml
deployment.apps/my-deploy created
$ kubectl get deployments
NAME          READY     UP-TO-DATE   AVAILABLE   AGE
my-deploy     3/3       3            3           10s
$ kubectl get replicaset
NAME                    DESIRED   CURRENT   READY   AGE
my-deploy-7f7d8485c4    3         3         3       30s
$ kubectl get pods
NAME                          READY   STATUS    RESTARTS   AGE
my-deploy-7f7d8485c4-9gg6t    1/1     Running   0          50s
my-deploy-7f7d8485c4-fk7zm    1/1     Running   0          50s
my-deploy-7f7d8485c4-kx6mv    1/1     Running   0          50s
```

디플로이먼트, 레플리카셋, 파드가 생성된 것을 알 수 있습니다. 앞에서 설명
한 것처럼 디플로이먼트는 레플리카셋을 관리하는 오브젝트이며, 레플리카셋
은 파드를 관리하는 오브젝트입니다. 따라서 디플로이먼트를 배포하여 생성된
레플리카셋과 파드는 다음과 같은 포함관계를 가집니다.

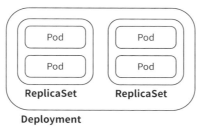

그림 2-1 디플로이먼트, 레플리카셋, 파드의 관계

그렇다면 디플로이먼트를 지우면 레플리카셋과 파드는 어떻게 될까요? 세 오브젝트의 포함관계에서 유추할 수 있는 것처럼 디플로이먼트를 지우면 레플리카셋과 파드는 같이 지워집니다.

```
$ kubectl delete deploy my-deploy
deployment.apps "my-deploy" deleted
$ kubectl get deployments
No resources found in default namespace.
$ kubectl get replicaset
No resources found in default namespace.
$ kubectl get pods
No resources found in default namespace.
```

디플로이먼트를 삭제하면 디플로이먼트에 의해 생성된 파드도 같이 삭제되는 이유는 파드의 생애주기가 디플로이먼트에 종속되어 있기 때문입니다.

2.2 쿠버네티스의 상태 유지 원리

파드의 생애주기를 디플로이먼트가 관리한다면, 반대로 디플로이먼트에 종속된 파드를 직접 삭제할 수 있을까요? 디플로이먼트를 생성한 후 임의의 파드를 삭제해 보겠습니다.

```
$ kubectl apply -f my-deploy.yaml
deployment.apps/my-deploy created
$ kubectl get pods
NAME                         READY   STATUS    RESTARTS   AGE
my-deploy-7f7d8485c4-66j5v   1/1     Running   0          10s
my-deploy-7f7d8485c4-ngvkx   1/1     Running   0          10s
my-deploy-7f7d8485c4-z2xvp   1/1     Running   0          10s
```

```
$ kubectl delete pods my-deploy-7f7d8485c4-66j5v ❶
pod "my-deploy-7f7d8485c4-66j5v" deleted
$ kubectl get pods
NAME                        READY   STATUS    RESTARTS   AGE
my-deploy-7f7d8485c4-ngvkx  1/1     Running   0          50s
my-deploy-7f7d8485c4-wv682  1/1     Running   0          10s
my-deploy-7f7d8485c4-z2xvp  1/1     Running   0          50s
```

> ❶ my-deploy 뒤의 문자열은 쿠버네티스가 이름의 중복을 방지하기 위해 무작위로 추가한
> 것으로 디플로이먼트를 생성할 때마다 바뀝니다. 여기에는 kubectl get pods 명령어를 이
> 용해 확인한 파드 이름을 입력해 주면 됩니다.

삭제를 요청한 my-deploy-7f7d8485c4-66j5v 파드는 잘 지워졌습니다. 그런데
아무런 명령도 하지 않았는데 또 다른 파드 my-deploy-7f7d8485c4-wv682가 새
롭게 생성된 것을 확인할 수 있습니다. 다른 파드를 몇 번 더 지워 봐도 항상 지
운 숫자만큼 파드가 새로 생성되어 파드의 개수가 3개로 유지됩니다.

 이러한 현상은 코드 2-2에서 디플로이먼트를 정의할 때 replicas: 3이라는
명세로 총 3개의 파드를 유지하도록 정의했기에 발생합니다. 디플로이먼트 정
의를 변경해서 확인해 보겠습니다.

코드 2-3

```
apiVersion: apps/v1
kind: Deployment
metadata:
  name: my-deploy
spec:
  replicas: 2
...(중략)...
```

변경한 디플로이먼트를 그대로 다시 적용해 보면 다음과 같이 파드가 하나 사
라집니다.

```
NAME                        READY   STATUS    RESTARTS   AGE
my-deploy-7f7d8485c4-ngvkx  1/1     Running   0          2m52s
my-deploy-7f7d8485c4-z2xvp  1/1     Running   0          2m52s
```

replicas 속성을 임의로 변경하면서 확인해 보면 replicas의 숫자가 현재 실행
중인 파드의 숫자보다 많으면 파드를 추가로 실행해 주고 더 적으면 실행 중인

파드 중 일부를 종료시킵니다. 그래서 항상 쿠버네티스에 실행 중인 파드의 숫자는 디플로이먼트에 정의한 replicas의 숫자와 일치하게 됩니다.

이렇게 사전에 정의한 명세에 현재 상태를 항상 일치시키려는 동작을 반복하는 쿠버네티스의 특성을 리컨실레이션 루프(reconciliation loop)라고 합니다. 이 과정을 이해하는 게 중요합니다.

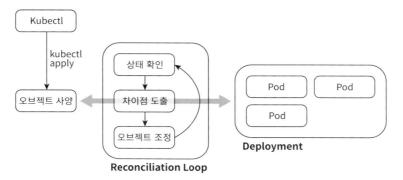

그림 2-2 리컨실레이션 루프

디플로이먼트에서의 파드를 삭제하는 과정을 통해 이 개념을 자세히 알아보겠습니다. 처음에 `kubectl apply -f my-deploy.yaml` 명령을 쿠버네티스에 전달하면 쿠버네티스는 전달받은 디플로이먼트 명세에 맞는 디플로이먼트 오브젝트를 배포합니다. 만약 같은 이름의 디플로이먼트가 있다면 명세를 비교합니다. 변화가 없으면 아무 동작도 하지 않고, 변화가 있으면 디플로이먼트를 명세에 맞게 수정합니다.

디플로이먼트에 replicas: 3이라는 명세가 명시되어 있다면, 쿠버네티스는 명세에 맞는 파드를 3개 생성해서 '유지한다'는 목표를 가집니다. 쿠버네티스는 현재 클러스터의 상태가 목표한 상태와 일치하는지를 지속적으로 반복하며 확인합니다.

우리가 `kubectl apply` 명령을 이용해 쿠버네티스에 전달한 디플로이먼트의 명세에는 도달하고자 하는 목표가 명시되어 있습니다. 만약 명세에 replicas가 3으로 지정되었다면 이는 파드가 3개여야 애플리케이션이 안정적으로 동작한다는 의도가 담겨 있는 것입니다. 따라서 쿠버네티스는 전달받은 명세와 현재 클러스터의 상태가 일치하는 것을 가장 안정적인 상황으로 가정합니다.

하지만 다양한 내외부적인 원인들로 인하여 목표와 상태는 일치하지 않을 수 있습니다. 사용자가 `kubectl delete` 명령을 이용하여 파드를 삭제할 수도 있고, 애플리케이션의 오류 혹은 노드의 문제로 파드가 종료될 수도 있습니다. 이러한 경우 쿠버네티스는 상태를 다시 명세와 일치시키는 동작을 수행하면서 애플리케이션이 가장 안정적으로 동작하는 상태를 유지하려고 노력합니다.

그렇다면 파드에 오류가 발생하여 멈춰버렸는데 프로세스는 계속 살아 있는 경우에는 어떻게 될까요? 이 경우 디플로이먼트가 목표한 파드의 숫자와 현재 파드 숫자가 일치하기 때문에 파드를 새로 생성하지는 않습니다. 그래서 1장에서 알아봤던 활성 프로브를 설정해 두어 쿠버네티스가 비정상적인 파드를 감지해 재시작시킬 수 있도록 하는 것이 중요합니다.

2.3 디플로이먼트를 이용하여 애플리케이션을 업데이트하기

컨테이너 이미지는 한번 생성하면 다시 변경하지 않는 불변성(immutability)을 가지는 것이 원칙입니다. 그래서 애플리케이션을 업데이트하는 등 변경이 생겼을 때는 기존 이미지에 변경한 내용을 덮어쓰기보다는 새로운 이미지를 만드는 방법을 사용합니다. 이때 기존 이미지와 새로운 이미지를 구분하기 위해서 이미지의 이름 뒤에 태그를 달아 줍니다. 이러한 용도로 사용되는 태그는 일반적으로 애플리케이션의 버전을 사용합니다.

우선 기존 애플리케이션을 업데이트했다고 가정하고 새로운 태그를 가진 이미지를 생성해 보겠습니다.

```
$ docker tag my-app:1.0.0 my-app:1.0.1
```

쿠버네티스에서 애플리케이션을 업데이트하는 방법은 간단합니다. 기존 디플로이먼트의 명세에 이미지와 태그가 명시되어 있으므로 새로운 애플리케이션으로 변경해 주면 됩니다.

코드 2-4 **chapter2/my-deploy-02.yaml**

```
...(중략)...
    spec:
      containers:
      - name: my-app
        image: my-app:1.0.1
        ports:
        - containerPort: 8080
```

그리고 이 디플로이먼트를 쿠버네티스에 적용합니다. 이때 쿠버네티스가 취하는 동작은 파드가 예상치 못하게 종료되었을 때와 다르지 않습니다. 쿠버네티스에 새롭게 적용한 my-deploy의 명세는 my-app:1.0.1의 이미지로 생성된 파드 2개를 유지하게 되어 있는데, 현재 쿠버네티스 클러스터에는 my-app:1.0.0의 이미지로 생성된 파드 2개가 실행 중입니다.

이 경우에도 목표한 명세와 현재 상태에 불일치가 발생하므로 쿠버네티스는 기존 파드를 종료시키고, 새로운 파드를 실행시킴으로써 애플리케이션을 업데이트합니다.

```
NAME                            READY   STATUS             RESTARTS   AGE
my-deploy-7f7d8485c4-ngvkx      1/1     Terminating        0          5m28s
my-deploy-7f7d8485c4-z2xvp      1/1     Running            0          5m28s
my-deploy-8fc679f45-qmjjv       1/1     Running            0          2s
my-deploy-8fc679f45-tznnr       0/1     ContainerCreating  0          1s
```

디플로이먼트를 업데이트할 때 쿠버네티스가 파드를 생성하고 종료하는 순서는 디플로이먼트에 명시한 전략(strategy)에 따라 달라집니다. 이 전략은 두 가지가 있는데 하나는 기존 파드를 모두 종료한 뒤 새 버전의 파드를 실행하는 재생성(Recreate) 전략이고, 다른 하나는 파드를 순차적으로 종료하고 생성하면서 서비스가 중단되지 않도록 해주는 롤링 업데이트(Rolling Update) 전략입니다.

2.3.1 재생성 전략

쿠버네티스는 기본값으로 롤링 업데이트 전략을 사용하기 때문에 재생성 전략을 사용하려면 명세에 명시해 줘야 합니다. 다음과 같이 디플로이먼트의 strategy를 Recreate로 명시해 줍니다.

코드 2-5 **chapter2/my-deploy-03.yaml**

```
...(중략)...
spec:
  replicas: 2
  strategy:
    type: Recreate
```

해당 전략을 사용한 디플로이먼트를 적용하여 파드를 업데이트하면 다음과 같이 모든 파드가 한번에 종료되는 것을 확인할 수 있습니다.

```
$ kubectl get pods
NAME                         READY   STATUS        RESTARTS   AGE
my-deploy-8558cd8f-4jp2l     1/1     Terminating   0          2m5s
my-deploy-8558cd8f-tcbvq     1/1     Terminating   0          113s
$ kubectl get pods
NAME                         READY   STATUS    RESTARTS   AGE
my-deploy-8558cd8f-5qnk5     1/1     Running   0          13s
my-deploy-8558cd8f-xdmhs     1/1     Running   0          13s
```

모든 파드의 종료가 확인된 뒤 새로운 파드가 실행되기 때문에 상이한 버전의 파드가 동시에 서비스를 제공하는 일은 없습니다. 하지만 이전 버전의 파드가 종료를 시작할 때부터 새로운 버전의 파드가 실행을 완료할 때까지의 구간 동안 사용자의 요청이 들어온다면 응답하지 못하는 경우가 발생할 수 있습니다. 이 서비스 중단 구간은 파드의 덩치가 클수록 길어집니다. 덩치가 큰 파드는 일반적으로 종료와 기동에 많은 시간이 걸리기 때문입니다.

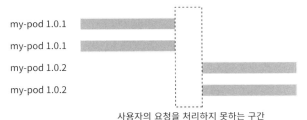

사용자의 요청을 처리하지 못하는 구간

그림 2-3 재생성 전략을 이용한 업데이트

2.3.2 롤링 업데이트 전략

애플리케이션의 업데이트가 서비스를 중단시키는 것이 마음에 들지 않는다면 롤링 업데이트 전략을 사용하는 것이 적합합니다. 롤링 업데이트 전략을 사용하면 쿠버네티스는 디플로이먼트를 업데이트할 때 파드를 한번에 종료한 뒤 생성하는 것이 아니라 순차적으로 종료하고 생성합니다.

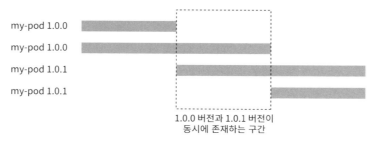

그림 2-4 롤링 업데이트 시 버전이 겹치는 경우

하지만 롤링 업데이트 전략은 업데이트 도중에 여러 버전의 파드가 같이 서비스를 제공하는 구간이 존재하므로 이 시점에 다양한 부작용이 나타날 수 있습니다. 대표적으로 애플리케이션이 제공하는 API의 응답이 버전에 따라 다르다면, 클라이언트가 같은 API를 반복 호출하더라도 계속 다른 응답을 받을 수도 있습니다. 이는 같은 API를 호출하면 항상 같은 응답이 올 것으로 생각하는 클라이언트 입장에서는 예상하기 어려운 동작입니다.

이런 부작용을 막기 위해서 새로운 버전의 API는 이전 버전의 응답을 모두 유지하면서 새로운 속성을 더하는 형태로 만들거나, API를 호출하는 경로나 헤더에 버전을 명시하는 방법 등을 사용합니다.

롤링 업데이트 전략은 재생성 전략과 다르게 몇 가지 속성을 명시하여 더 세밀하게 업데이트를 제어할 수 있습니다. 가장 대표적인 속성은 maxUnavailable (최대 불가)과 maxSurge(최대 서지)입니다.

코드 2-6 chapter2/my-deploy-04.yaml

```
...(중략)...
spec:
  replicas: 4
  strategy:
```

```
   type: RollingUpdate
   rollingUpdate:
     maxUnavailable: 25%
...(중략)...
```

maxUnavailable 속성은 롤링 업데이트가 진행되는 동안 제거할 수 있는 파드의 수 혹은 비율입니다. 이는 maxUnavailable: 1과 같이 파드의 숫자로 지정할 수도 있으며, maxUnavailable: 25%와 같이 비율로 지정할 수도 있습니다.

　디플로이먼트에서 replicas: 4로 지정하여 파드의 숫자를 4개로 유지하는 도중 롤링 업데이트가 발생한다면 쿠버네티스는 상황에 따라 파드를 추가로 생성하기도 하고, 기존 파드를 종료하기도 합니다.

　이때 maxUnavailable 속성을 넘어서는 만큼의 파드를 종료하지는 않습니다. 즉, replicas가 4이고 maxUnavailable이 25%인 설정에서는 4개 중 25%인 1개의 파드까지 제거할 수 있으므로 롤링 업데이트가 진행되는 모든 구간에 걸쳐서 파드는 최소 3개 이상 실행될 것이 보장됩니다.

코드 2-7 **chapter2/my-deploy-05.yaml**

```
...(중략)...
spec:
  replicas: 4
  strategy:
    type: RollingUpdate
    rollingUpdate:
      maxSurge: 2
...(중략)...
```

maxSurge 속성은 반대로 쿠버네티스가 추가로 생성할 수 있는 파드의 숫자를 의미합니다. replicas가 4이고 maxSurge가 2인 설정에서는 쿠버네티스는 롤링 업데이트를 진행하면서 해당 디플로이먼트에 대해서 파드를 최대 6개까지 생성합니다.

　maxSurge의 값이 높으면 쿠버네티스는 롤링 업데이트를 빠르게 수행하지만 그만큼 노드의 여유 자원을 많이 사용하므로 무턱대고 높이는 것은 좋지 않습니다. maxUnavailable과 maxSurge 모두 기본값은 25%이며 replicas가 4로 설정된 상황에서 기본값으로 롤링 업데이트를 수행한다면 쿠버네티스는 파드의 숫자를 최소 3개에서 최대 5개의 범위 내로 유지하면서 업데이트 작업을 수행할 것입니다.

maxUnavailable과 maxSurge의 동작을 조금 더 직관적으로 이해하기 위해서는 둘 중 하나가 0인 상황에서 롤링 업데이트가 어떻게 일어나는지를 확인해 보면 됩니다.

코드 2-8 **chapter2/my-deploy-06.yaml**

```
spec:
  replicas: 4
  strategy:
    type: RollingUpdate
    rollingUpdate:
      maxUnavailable: 1
      maxSurge: 0
```

이 설정에서 롤링 업데이트를 수행하면 쿠버네티스는 다음과 같은 절차로 실행 중인 파드의 숫자를 3개 혹은 4개로 유지해 가며 업데이트를 수행합니다.

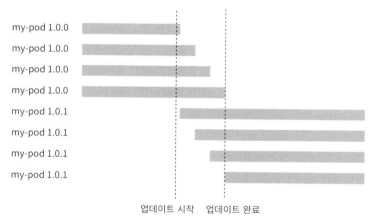

그림 2-5 maxUnavailable이 1이고 maxSurge가 0인 경우

maxUnavailable이 1이므로 kubectl apply 명령어를 이용해 업데이트를 시작하는 시점에 하나의 파드를 종료합니다. maxSurge가 0이므로 하나의 파드가 종료될 때까지는 추가 파드를 생성하지 않습니다.

```
spec:
  replicas: 4
  strategy:
    type: RollingUpdate
    rollingUpdate:
      maxUnavailable: 0
      maxSurge: 1
```

반대로 maxSurge가 1이고 maxUnavailable이 0이라면 쿠버네티스는 다음과 같이 파드의 숫자를 4개 혹은 5개로 유지하면서 업데이트를 수행합니다.

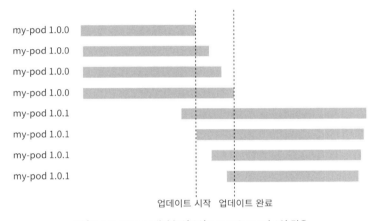

그림 2-6 maxUnavailable이 0이고 maxSurge가 1인 경우

maxSurge가 1이므로 쿠버네티스는 업데이트가 시작되는 시점에 파드 하나를 추가 생성하여 5개의 파드를 유지합니다. 하지만 maxUnavailable이 0이므로 쿠버네티스는 파드가 4개 미만이 되는 상황을 만들지 않습니다. 따라서 파드 하나의 생성이 완료된 이후에 기존 파드를 종료하기 시작합니다.

롤링 업데이트 동작의 특성 때문에 maxSurge와 maxUnavailable은 동시에 0이 될 수 없습니다. 만약 둘 다 0으로 지정하면 디플로이먼트를 적용하는 과정에서 오류가 발생하게 됩니다.

롤링 업데이트에 지정할 수 있는 또 다른 속성도 있습니다. 바로 progress DeadlineSeconds와 minReadySeconds입니다.

```
spec:
  replicas: 4
  strategy:
    type: RollingUpdate
    rollingUpdate:
      progressDeadlineSeconds: 60
      minReadySeconds: 10
```

progressDeadlineSeconds는 디플로이먼트의 업데이트를 몇 초 기다려줄지에 대한 설정입니다. 디플로이먼트 업데이트가 progressDeadlineSeconds에서 정한 시간이 넘도록 완료되지 않는다면 업데이트는 실패로 간주됩니다.

　minReadySeconds는 새로운 버전의 파드가 배포된 뒤, 다음 파드를 배포하기 전까지 기다려 주는 시간을 의미합니다. 이 속성의 기본값은 0이기 때문에 파드 하나가 업데이트에 성공하면 바로 다음 파드를 업데이트합니다. 하지만 업데이트 직후 파드가 안정화될 때까지 상황을 지켜볼 필요가 있다면 minReadySeconds를 지정할 수 있습니다. 앞의 코드처럼 이 속성을 10으로 지정하면, 롤링 업데이트는 10초 간격을 두고 이루어집니다.

2.4 생명주기 프로브를 이용한 안정적인 업데이트

롤링 업데이트 과정 중 새로운 버전의 파드가 정상적으로 배포되었음을 판단하는 순간은 준비성 프로브가 정상 응답을 보내는 때입니다. 만약 준비성 프로브를 명시하지 않았다면 쿠버네티스는 프로세스의 실행과 동시에 준비성 프로브를 성공으로 처리하기 때문에 바로 파드에 클라이언트의 요청을 전달하기 시작합니다. 하지만 준비성 프로브를 명시해 준다면 쿠버네티스는 새로 배포된 파드가 서비스를 제공할 준비를 마친 다음에 다음 파드의 업데이트를 계속 진행하게 됩니다.

　무중단 업데이트를 지향한다면 애플리케이션에 보내는 모든 요청은 업데이트 중 어느 시점에도 항상 응답을 받을 수 있어야 합니다. 이에 대해 이해하기 위해 먼저 무중단 업데이트에 실패하는 케이스를 살펴보겠습니다.

　롤링 업데이트 전략을 사용했음에도 무중단 업데이트에 실패하는 경우는 크게 두 가지입니다. 한 가지는 현재 실행 중인 파드의 숫자가 0이 되는 구간이 발생하는 경우로, maxUnavailable이 100%인 디플로이먼트를 업데이트할 때입니다. maxUnavailable이 100%일 경우 롤링 업데이트 전략은 재생성 전략과 동일하게 업데이트 시작 시점에 실행 중인 모든 파드를 종료시킵니다.

업데이트 시작

그림 2-7 maxUnavailable이 100%인 경우

그림 2-7의 업데이트 시작 지점을 살펴보겠습니다. maxUnavailable이 100%인 경우 쿠버네티스는 업데이트가 시작되는 시점에 기존 파드의 100%를 종료시킵니다. 따라서 1.0.0 버전의 모든 파드가 종료되었습니다. 그 직후 1.0.1 버전의 파드가 생성되지만 생성된 파드가 준비를 마치고 서비스를 시작할 때까지는 다소 시간이 걸리기 때문에 이 시간 동안 서비스의 중단이 발생합니다.

　다른 한 가지는 요청을 전달했지만 파드가 이를 제대로 처리하지 못하는 상황입니다. 1장에서 언급했던 것처럼 쿠버네티스는 같은 파드가 여러 개 있을 경우 클라이언트의 요청을 거의 균등하게 분배합니다. 하지만 만약 파드가 요청을 처리하지 못하고 종료되거나, 요청을 받았지만 주어진 시간 이내에 응답을 하지 못하는 상황이라면 클라이언트의 요청은 타임아웃을 발생시키게 됩니다.

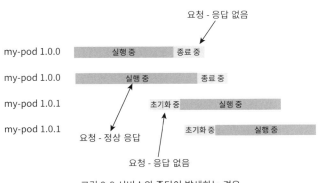

그림 2-8 서비스의 중단이 발생하는 경우

정상적으로 실행 중인 파드라면 사용자의 요청에 정상 응답을 보낼 것입니다. 하지만 파드가 종료 절차에 들어갔을 때 들어온 요청이 있다면 파드가 미처 응답을 보내기 전에 모든 프로세스가 종료되어 응답이 유실될 수 있습니다.

파드가 생성된 뒤 서비스를 준비하는 초기화 과정에 들어온 요청도 마찬가지입니다. 파드는 생성 직후 바로 요청을 처리할 수 있는 것이 아니라 내부 프로세스들을 실행하고 사용하는 자원과 연결하는 초기화 과정이 필요합니다. 만약 초기화 중에 들어온 요청이 있다면 초기화가 끝날 때까지는 응답을 하지 못할 것이고, 초기화 과정이 길어진다면 타임아웃이 발생하여 요청은 실패로 처리됩니다.

이 문제를 해결하기 위해 우리가 해야 하는 일은 분명합니다. 종료 절차에 들어간 파드는 이미 들어온 요청에 대해 응답을 모두 보낸 뒤 종료해야 합니다. 그리고 새로 실행된 파드는 실행 직후가 아닌 요청을 받아들일 준비가 되었을 때부터 요청을 받기 시작해야 합니다. 다행히도 우리는 파드의 우아한 종료 절차와 준비성 프로브에 대해 알고 있습니다.

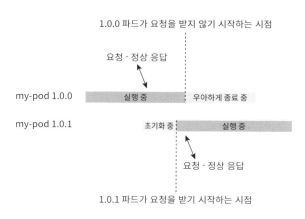

그림 2-9 무중단으로 업데이트하는 방법

우아한 종료 절차를 지원하는 파드는 종료 시점에 더 이상 요청을 받지 않으며 그 이전에 들어온 요청에 대해서 모두 응답할 수 있을 만큼 충분한 시간을 기다립니다. 마찬가지로 준비성 프로브는 파드의 초기화 완료 시점을 알려 줍니다.

그림에서 알 수 있듯이 준비성 프로브와 우아한 종료 절차를 지원하는 파드를 업데이트할 경우 쿠버네티스는 새로운 파드의 초기화가 완료된 시점에 기존 파드를 종료하기 시작하며, 기존 파드 역시 모든 요청을 확실히 처리한 뒤 종료되기 때문에 서비스가 중단되는 일이 없도록 해 줍니다.

우아한 종료 절차와 준비성 프로브가 모두 의도대로 동작한다면 우리 애플리케이션은 업데이트가 진행되는 동안 들어오는 모든 요청에 대해 응답을 반환할 수 있습니다. 이 애플리케이션을 사용하는 사용자 입장에서는 서비스가 전혀 중단되지 않는 것으로 느낄 것입니다. 결과적으로 무중단 업데이트라는 어려운 목표를 큰 문제 없이 달성할 수 있습니다.

2.5 애플리케이션의 업데이트를 되돌리기

애플리케이션의 업데이트는 무언가를 개선하기 위해서 수행하는 작업이지만, 예상치 못한 오류나 성능 문제가 생길 수도 있습니다. 이 경우 업데이트된 애플리케이션이 상황을 더 악화시키지 않도록 업데이트를 취소하고 이전 버전의 애플리케이션을 다시 배포해야 하는데, 이 작업을 롤백(rollback)이라고 합니다.

업데이트를 되돌리기 위해서는 먼저 업데이트 기록을 살펴볼 필요가 있습니다. 디플로이먼트를 업데이트한 기록은 rollout history 명령을 이용하여 확인할 수 있습니다.

```
$ kubectl rollout history deployment/my-deploy
deployment.apps/my-deploy
REVISION  CHANGE-CAUSE
1         <none>
2         <none>
3         <none>
```

실행 결과를 살펴보면 my-deploy는 총 3번의 업데이트가 있었으며 각각의 업데이트를 리비전 번호로 관리하고 있는 것을 알 수 있습니다. 여기에는 3개의 리비전이 있지만 만약 my-deploy를 여러 번 더 업데이트했다면 더 많은 리비전이 나타날 수도 있습니다.

만약 애플리케이션을 직전 버전으로 돌리고 싶다면 단순히 rollout undo 명령을 주면 됩니다.

```
$ kubectl rollout undo deployment/my-deploy
deployment.apps/my-deploy rolled back
$ kubectl rollout history deployment/my-deploy
deployment.apps/my-deploy
REVISION  CHANGE-CAUSE
1         <none>
3         <none>
4         <none>
```

rollout undo 명령을 실행하기 전에는 my-deploy의 최신 리비전이 3번이었지만 하나의 업데이트를 되돌렸으므로 2번 리비전으로 돌아갔습니다. 그런데 이력을 보면 2번 리비전이 최신 리비전으로 올라가서 4번 리비전으로 갱신된 것을 확인할 수 있습니다.

만약 직전 버전이 아닌 업데이트 기록에 존재하는 특정 버전으로 되돌리고자 한다면 --to-revision 명령을 추가하여 리비전을 지정해 줄 수 있습니다.

```
$ kubectl rollout undo deployment/my-deploy --to-revision=1
deployment.apps/my-deploy rolled back
$ kubectl rollout history deployment/my-deploy
deployment.apps/my-deploy
REVISION  CHANGE-CAUSE
3         <none>
4         <none>
5         <none>
```

애플리케이션을 롤백한 뒤 다시 업데이트 기록을 살펴보면, 역시나 롤백된 디플로이먼트가 기존 이력에서 삭제되고 새로운 이력으로 추가되었음을 알 수 있습니다. 여기서 알 수 있듯이 애플리케이션을 롤백하는 과정은 애플리케이션을 업데이트하는 과정과 크게 다르지 않습니다.

새로운 레플리카셋을 생성하지 않는다는 차이점이 있기는 하지만 쿠버네티스는 애플리케이션이 업데이트될 때와 마찬가지로 순차적으로 파드를 종료하고 생성하면서 이전 버전의 애플리케이션을 배포합니다.

3장

애플리케이션의 스케일 조정하기

우리가 만든 애플리케이션의 사용자가 늘어나는 건 좋은 일이지만 한편으로는 걱정이 되기도 합니다. 동시에 처리해야 하는 요청의 양이 늘어 애플리케이션과 서버가 감당할 수 있는 수준을 넘어서면 응답도 점점 지연되기 시작합니다.

클라이언트 입장에서는 요청에 대한 응답이 늦어지는 것을 마냥 기다릴 수는 없습니다. 그래서 많은 클라이언트들은 보낸 요청에 대해 언제까지는 응답을 받아야 하며 그 이상으로 늦어지면 서버 오류로 판단하겠다는 타임아웃(timeout)을 설정합니다.

타임아웃 시간이 지나도 응답이 없다면 클라이언트는 서버에 오류가 발생했다고 판단하고 오류 메시지를 출력하거나 요청을 다시 보내는 등의 예외 처리 절차를 시작합니다. 이 시점부터 사용자들이 직접적인 불편함을 느끼기 시작하기 때문에 서버 개발자들은 타임아웃이 발생하기 전에 응답을 보내주는 것을 가장 중요한 목표로 생각합니다.

사용자와 요청의 규모가 증가하여 이를 감당하기 어려워질 때 가장 적절한 대처는 서버의 규모 역시 같이 늘려주는 것입니다. 서버의 규모를 늘리는 방법은 서버 자체의 성능을 높이는 스케일 업(scale up)과 서버의 숫자를 늘리는 스케일 아웃(scale out)이 대표적이며, 많은 경우 애플리케이션의 성격과 상황에 따라서 이 두 가지 방법 중 적절한 방법을 선택하여 대응합니다.

이때, 스케일 업은 수직적 확장(vertical scaling)이라고 부르기도 하며, 스케일 아웃은 수평적 확장(horizontal scaling)으로 부르기도 합니다. 그리고 이러한 수직 및 수평적 확장을 상황에 따라 자동으로 수행해 주는 오토 스케일링(auto scaling) 기법도 존재합니다.

과거 물리적인 형태로 서버를 운용하던 시절에는 스케일 업과 스케일 아웃 모두 쉬운 일이 아니었습니다. 서버를 뜯어서 부품을 교체하거나, 더 좋은 사양의 서버로 이전거나, 서버를 추가로 설치하는 것 모두 사전에 철저한 계획을 세운 뒤 서비스를 중단시키고 오랫동안 진행해야 하는 작업이었기 때문입니다.

하지만 클라우드를 활용하기 시작하면서 서버의 스케일을 조정하는 일은 매우 쉬워졌습니다. 클라우드 환경은 물리적인 서버를 설치해서 사용하는 것이 아니라 가상의 자원을 할당받아서 사용하기 때문에 스케일을 훨씬 빠르고 간단하게 조정할 수 있었습니다.

쿠버네티스에서 실행되는 애플리케이션의 스케일을 조정하는 것 역시 어렵지 않습니다. 2장에서 이미 디플로이먼트의 replicas를 이용해서 파드의 개수를 조정해 본 적이 있었습니다. 이를 다시 생각해 보면 사용량이 급증해서 더 많은 파드가 서비스를 수행하도록 하는 스케일 아웃 작업은 단순히 replicas의 숫자를 늘려주고 적용하는 것만으로도 끝난다는 것을 알 수 있습니다. 이번에는 조금 더 다양한 방법으로 애플리케이션의 스케일을 조정하여 상황에 유연히 대처하는 방법을 알아보겠습니다.

3.1 애플리케이션의 성능 측정하기

스케일을 적절히 조정하기 위해서 가장 먼저 해야 하는 일은 우리가 배포한 파드가 현재 감당 가능한 수준의 작업을 처리하고 있는지, 아니면 부하가 많이 걸리는 상황인지 파악하는 것입니다. 이를 위해서는 쿠버네티스 클러스터에 메트릭 서버(metric server)를 설치해야 합니다.

```
$ kubectl apply -f https://github.com/kubernetes-sigs/metrics-server/
releases/latest/download/components.yaml
```

☑ **메트릭 서버 설치 시 유의사항**

개인적으로 쿠버네티스 클러스터를 구성해서 사용하는 것이 아니라 관리자가 별도로 있는 클러스터를 실습하는 데 사용한다면, 설치 전 클러스터 관리자에게 먼저 문의해야 합니다. 클러스터에 이미 설치된 메트릭 서버가 있을 수도 있으며, 이후 실습을 진행하면서 클러스터 전체에 영향을 줄 수도 있습니다.

메트릭 서버를 설치하고 나면 다음과 같이 kubectl top 명령으로 파드의 자원 사용률을 확인할 수 있습니다.

```
$ kubectl top pods
NAME                        CPU(cores)    MEMORY(bytes)
my-deploy-8558cd8f-jcw94    4m            99Mi
my-deploy-8558cd8f-sm28c    3m            99Mi
```

배포한 파드의 CPU 및 메모리 사용량이 나타납니다. 여기서 CPU의 사용량을 표시하는 단위는 밀리코어(millicore)입니다. CPU 사용량이 4m이라는 말은 현재 파드가 4밀리코어, 그러니까 0.004코어를 사용하고 있다는 뜻입니다. 메모리 사용량의 표시 단위는 메비바이트(mebibyte)이며, 메모리 사용량이 99Mi라면 현재 파드가 99MiB의 메모리를 사용하고 있음을 나타냅니다.

☑ **메비바이트 표기에 대하여**

메비바이트는 1,000,000바이트가 1메가바이트(1MB)로 표기되면서 나타나는 실제 메모리와 표기 메모리의 차이 오류를 수정하기 위하여 사용하는 단위입니다. 1 MiB는 2^{20}바이트인 1,048,576 바이트를 의미합니다.

파드가 사용할 수 있는 CPU 및 메모리 사용량의 총합은 워커노드에 할당된 자원량을 넘어설 수 없습니다. 실행된 파드들이 노드를 얼마나 사용하고 있는지 알고 싶다면 다음 명령어를 사용하면 됩니다.

```
$ kubectl top nodes
NAME             CPU(cores)    CPU%    MEMORY(bytes)    MEMORY%
docker-desktop   196m          4%      2274Mi           59%
```

하나의 노드에서 파드들이 총 196밀리코어를 사용하고 있으며 이는 전체 노드 CPU 자원의 4%에 해당하는 사용량입니다. 전체 메모리의 59%인 2274MiB를 사용하고 있으며 41% 정도의 메모리가 남은 것을 확인할 수 있습니다.

> ☑ **파드와 노드 자원 사용량의 차이**
>
> kubectl top pods 명령어를 이용해 확인한 각 파드의 지원 사용량의 총합과 kubectl top nodes 명령어로 확인한 자원 사용량에 차이가 나는 이유는 쿠버네티스 클러스터가 기본적으로 사용하는 시스템 파드들의 자원 사용량이 같이 합산되었기 때문입니다. 이는 클러스터가 마스터 노드와 워커 노드를 어떻게 구성하느냐에 따라 다르게 표시될 수 있습니다. 시스템 파드는 kubectl get pods -n kube-system 명령어로 확인할 수 있습니다.

만약 모든 노드의 CPU 혹은 메모리에 여유가 없을 때 새로운 파드를 추가하면 파드는 적당한 노드가 없다고 판단해 Pending 상태를 유지하고 노드에 빈자리가 날 때까지 기다립니다. 기존에 실행 중이던 파드 중 일부가 종료되어 자원에 여유가 생기면 파드는 바로 노드에 배치되어 Running 상태로 바뀝니다.

3.2 파드 자원 사용량 정의하고 스케일 업하기

파드에 요청이 몰리는 상황을 가정해 보겠습니다. 파드가 처리하는 요청이 많아지면 애플리케이션이 사용하는 CPU의 점유율이 올라가고, 메모리의 사용량도 증가합니다. 애플리케이션을 어떻게 만들었냐에 따라 다르지만 요청의 증가에 따라 CPU의 점유율이 올라가는 것은 일반적으로는 요청에 대한 응답을 처리하기 위해 생성하는 스레드의 양이 많아지는 것으로 이해할 수 있습니다.

쿠버네티스는 하나의 노드에 여러 개의 파드가 실행되기 때문에 노드에 배정된 논리 코어를 여러 파드가 나누어 사용합니다. 예를 들어서 하나의 파드가 100밀리코어의 CPU 자원을 사용하고 있다면 쿠버네티스는 해당 파드의 연산을 처리하기 위하여 1개 논리 코어가 처리할 수 있는 연산 능력의 10% 정도만 해당 파드에 할당합니다.

이런 상황을 조금 더 직관적으로 이해하기 위하여 스케일을 테스트하는 새로운 컨테이너를 만들어 보겠습니다.

```
FROM ubuntu:18.04
RUN apt-get update && apt-get install -y stress  ❶
ENTRYPOINT ["/usr/bin/stress"]                    ❷
```

> ❶ 컨테이너에 apt-get을 이용하여 stress를 설치합니다.
>
> ❷ 디플로이먼트에서 stress의 인자를 바꿔가며 실행할 수 있도록 ENTRYPOINT로 지정했습니다.

이 이미지는 stress를 이용해 인위적으로 CPU 혹은 메모리 사용량을 발생시킵니다. 이 컨테이너를 활용하는 새로운 디플로이먼트를 만들어 보겠습니다.

코드 3-1 **chapter3/my-stress-01.yaml**

```
apiVersion: apps/v1
kind: Deployment
metadata:
  name: my-stress
spec:
  replicas: 2
  strategy:
    type: Recreate
  selector:
    matchLabels:
      app: stress-app
  template:
    metadata:
      labels:
        app: stress-app
    spec:
      containers:
      - name: stress-generator
        image: stress:1.0.0                      ❶
        args: ["--cpu","8","--timeout","60s"]  ❷
```

> ❶ 앞에서 정의한 도커 이미지를 지정해 줍니다.
>
> ❷ 8코어 CPU를 기준으로 100%의 부하를 발생하는 프로세스를 60초간 실행합니다.

이 디플로이먼트는 60초 동안 8코어만큼의 CPU 로드를 발생시키는 컨테이너를 가진 파드를 2개 만들어 냅니다. 이 디플로이먼트를 적용해 보겠습니다.

```
$ kubectl delete deployments my-deploy
deployment.apps/my-stress created

$ kubectl get pods
NAME                              READY   STATUS    RESTARTS   AGE
my-stress-5bcdcd8794-ff522        1/1     Running   0          10s
my-stress-5bcdcd8794-x9xxf        1/1     Running   0          10s
```

파드가 CPU를 점유하는 것을 확인하기 위해 kubectl top 명령어로 파드와 노드의 자원 상황을 살펴봅니다.

```
$ kubectl top pods
NAME                              CPU(cores)   MEMORY(bytes)
my-stress-5bcdcd8794-ff522        2207m        1Mi
my-stress-5bcdcd8794-x9xxf        1819m        1Mi

$ kubectl top nodes
NAME             CPU(cores)   CPU%   MEMORY(bytes)   MEMORY%
docker-desktop   3995m        99%    2087Mi          54%
```

 자원 사용량 조회가 잘 되지 않을 때

kubectl top 명령어가 파드로부터 자원 사용량 정보를 수집하여 기록하기까지 약간의 시간이 걸립니다. 만약 해당 명령어를 사용했을 때 error: metrics not available yet 과 같은 메시지가 나타난다면 잠시 기다렸다가 명령어를 다시 실행해 보세요.

총 4코어를 사용할 수 있는 쿠버네티스 노드에서 실행한 결과입니다. 8코어의 자원을 사용하는 파드를 2개 배포했으므로 필요한 CPU 자원은 총 16코어입니다. 하지만 노드가 제공할 수 있는 자원은 4코어가 전부이기에 쿠버네티스는 각각의 파드에 CPU 자원을 적당히 분배해 주었습니다.

여기서 알 수 있듯이 쿠버네티스의 파드는 별다른 설정이 없을 경우 자원 사용량에 제한을 두지 않습니다. 그래서 부하가 많이 걸리는 작업을 수행할 경우 사용할 수 있는 노드의 자원을 모두 사용합니다. 이는 필요하다면 가용한 자원을 모두 동원하여 작업을 처리한다고 볼 수도 있지만 자원 사용량을 통제하지 못하는 것처럼 보이기도 합니다.

그래서 파드를 정의할 때 다음과 같이 자원 사용량을 정의해 줄 수 있습니다.

```
...(중략)...
  spec:
    containers:
    - name: stress-generator
      image: stress:1.0.0
      args: ["--cpu","8","--timeout","60s"]
      resources:
        requests:        ❶
          cpu: "500m"
          memory: "1000Mi"
        limits:          ❷
          cpu: "1000m"
          memory: "2000Mi"
```

❶ 이 파드를 실행하기 위해서 필요한 최소 자원을 명시합니다. 이 파드는 CPU 및 메모리 자원이 확보 가능한 노드에만 배치됩니다.

❷ 이 파드가 사용할 수 있는 최대 자원을 명시합니다.

해당 디플로이먼트를 다시 적용하고 자원 사용량을 확인하겠습니다.

```
$ kubectl apply -f my-stress.yaml
deployment.apps/my-stress configured

$ kubectl top pods
NAME                          CPU(cores)    MEMORY(bytes)
my-stress-869d65586b-bkh7m    1001m         1Mi
my-stress-869d65586b-f9nxs    1002m         1Mi

$ kubectl top nodes
NAME             CPU(cores)    CPU%    MEMORY(bytes)    MEMORY%
docker-desktop   2106m         52%     2073Mi           54%
```

부하가 많이 걸리는 작업을 수행하는 파드이므로 사용할 수 있는 최대의 CPU 자원을 사용하려고 할 것입니다. 하지만 이전과는 다르게 limits에서 CPU 사용량의 상한을 1000밀리코어로 제한했으므로 노드의 모든 자원을 다 사용하지 않습니다. 각각의 컨테이너는 1000밀리코어까지만 CPU를 점유합니다.

만약 '우리 파드는 자원을 많이 사용하므로 CPU를 넉넉히 달라'는 의미로 requests에 8코어의 자원을 요청한다면 어떻게 될까요?

코드 3-2 **chapter3/my-stress-02.yaml**

```
...(중략)...
        resources:
          requests:
            cpu: "8000m"
            memory: "1000Mi"
          limits:
            cpu: "16000m"
            memory: "2000Mi"
```

이후 디플로이먼트를 다시 적용하고 파드를 조회해 보겠습니다.

```
$ kubectl get pods
NAME                          READY   STATUS    RESTARTS   AGE
my-stress-556b58c66c-9kbqx    0/1     Pending   0          7s
my-stress-556b58c66c-kp2p8    0/1     Pending   0          7s
```

파드가 Running 상태로 전환되지 못하고 Pending 상태에 머무르는 것을 확인할 수 있습니다. 조금 더 자세한 상황을 알아보기 위해 파드의 정보를 조회하겠습니다.

```
$ kubectl describe pods my-stress-556b58c66c-9kbqx  ❶
...
Events:
    Type      Reason            Age                 From                Message
    ----      ------            ----                ----                -------
    Warning   FailedScheduling  39s (x2 over 110s)  default-scheduler   0/1 nodes are available:
                                                                        1 Insufficient cpu.
```

> ❶ kubectl describe는 해당 오브젝트의 명세와 현재 상태를 상세하게 출력하는 명령입니다.

Insufficient cpu라는 메시지를 통해 CPU가 부족하여 스케줄링에 실패했다는 사실을 알 수 있습니다. requests는 파드가 사용해야 하는 최소한의 자원을 정의하기 때문에 쿠버네티스는 8코어의 여유를 가진 노드에만 해당 파드를 배치해 줍니다. 만약 어떤 워커노드도 8코어의 여유가 없다면 파드는 실행되지 못하고 조건에 맞는 노드가 나타날 때까지 Pending 상태로 대기합니다.

때문에 부하에 따라 자원을 많이 사용할 우려가 있는 애플리케이션을 배포할 때는 resources의 requests와 limits를 정의해 줘야 합니다. limits를 정의하지 않으면 배치한 파드가 상황에 따라 노드의 자원을 모두 점유하여 다른 파드들이 실행되지 못하거나 최악의 경우 일부 파드가 종료될 수도 있습니다. 만약 requests를 정의하지 않는다면 애플리케이션의 정상 동작에 필요한 최소한의 자원도 없는 상태에서 파드가 실행되어서 초기화 작업이나 애플리케이션의 동작이 제대로 수행되지 않을 수도 있습니다.

물론 limits는 request보다 작게 정의할 수 없습니다. 만약 limits만 정의하고 requests를 정의하지 않는다면 requests는 암묵적으로 limits와 동일하게 지정됩니다. 반대로 requests만 정의하고 limits를 정의하지 않는다면 해당 컨테이너는 제한 없이 노드의 자원을 모두 사용합니다.

> ### ☑ CPU 자원과 메모리 자원의 차이
>
> resources에 정의한 요청과 제한은 자원이 CPU와 메모리 모두 같은 원리로 적용되지만 다른 동작을 보이는 경우가 있습니다. 만약 파드가 limits를 넘어서는 CPU를 사용할 경우 쿠버네티스가 해당 컨테이너의 CPU 사용량을 스로틀링(throttling)하여 제한을 넘지 않도록 조정해 줍니다. 이러한 동작은 앞에서 my-stress를 이용해 테스트한 경우와 같습니다.
>
> 하지만 컨테이너가 메모리를 limits를 넘어서 사용하는 경우 쿠버네티스는 메모리 부족으로 인한 오류 상태로 간주하고 해당 컨테이너를 종료시킵니다. 때문에 매우 많은 작업을 처리하던 파드가 갑자기 종료되는 일을 막기 위해서는 메모리의 limits는 예상되는 최대치보다도 여유 있게 정의하는 것이 좋습니다. 따라서 JVM과 같이 메모리의 최대 할당량을 지정해 줄 수 있는 환경에서 실행되는 애플리케이션의 경우 최대 할당량을 limits보다 적게 설정해 줍니다.

사용자의 급증에 대비해서 파드를 스케일 업 혹은 사용자의 감소에 따른 스케일 다운을 시도하고자 한다면 사전에 정의한 파드의 resources 정의를 바꾸어 주는 것으로 충분히 대응할 수 있습니다. 만약 애플리케이션이 디플로이먼트의 형태로 배포되어 있다면 파드는 버전을 업데이트할 때와 마찬가지로 롤링 업데이트 혹은 재생성 전략에 맞추어서 절차에 따라 사양을 변경할 것입니다.

☑ **자원 사용량 상한이 없는 파드의 위험성**

필요한 경우 파드에 가용한 자원을 모두 몰아주기 위해서 resources 혹은 limits를 지정하지 않는 것은 일반적으로 좋은 선택이 아닙니다. 만약 파드가 상한 없이 노드의 자원을 모두 사용하는 상황이 발생한다면 다른 파드들이 원하는 만큼 자원을 사용하지 못할 수도 있으며, 일부 파드들은 종료될 수도 있습니다. 또한 롤링 업데이트 등을 위해서 추가 파드를 생성해야 하는 경우 노드의 여유 자원이 부족하여 업데이트가 진행되지 않는 상황이 발생할 수도 있습니다.

실습을 위해 사용한 my-stress 디플로이먼트는 주어진 시간이 지나면 정상적으로 동작하지 않으며 끊임없이 재시작하여 쿠버네티스 클러스터에 부담을 줄 수 있습니다. 실습이 끝나면 삭제 명령어를 이용해 디플로이먼트를 삭제해 줍니다.

```
$ kubectl delete deploy my-stress
deployment.apps "my-stress" deleted
```

3.3 디플로이먼트를 수동으로 스케일 아웃하기

만약에 급증하는 요청을 여러 파드가 나누어서 처리할 수 있는 상황이라면 파드의 자원 사용량을 조절하는 것보다 파드의 숫자 자체를 늘리는 것이 효과적일 수 있습니다. 그리고 디플로이먼트를 다루어 봤다면 파드의 수를 조절하는 것에 이미 익숙해져 있을 겁니다.

```
...(중략)...
spec:
  replicas: 2
...(중략)...
```

디플로이먼트를 정의할 때 replicas 속성을 변경하면 배포된 파드의 숫자를 늘리거나 줄일 수 있다는 사실은 이미 알고 있습니다. 만약 사용자가 급증하여 두 개의 파드로는 요청을 감당할 수 없는 상황이라면 replicas를 3 혹은 4 등 더 높은 숫자로 변경한 뒤 다시 kubectl apply 명령어를 이용해 쿠버네티스가 파드를 추가 생성하도록 할 수 있습니다.

상황에 따라서는 일시적으로 파드의 숫자를 늘리거나 줄이고 싶거나, 현재 배포된 디플로이먼트의 정의 파일을 찾지 못하는 등의 문제가 발생할 수도 있습니다. 이럴 때는 kubectl scale 명령어를 이용해 파드의 숫자를 즉시 조절할 수도 있습니다.

```
$ kubectl scale deploy my-deploy --replicas=4
deployment.apps/my-deploy scaled

$ kubectl get pods
NAME                          READY   STATUS    RESTARTS   AGE
my-deploy-768767b769-7gw5v    1/1     Running   0          7s
my-deploy-768767b769-b7jsj    1/1     Running   0          7s
my-deploy-768767b769-bhjdv    1/1     Running   0          63s
my-deploy-768767b769-rz6gt    1/1     Running   0          60s
```

명령어의 replicas 인자는 해당 디플로이먼트의 replicas 숫자를 조정합니다. 이는 파드의 숫자를 늘리는 스케일 아웃 상황뿐 아니라 파드의 숫자를 줄일 때도 동일하게 동작합니다.

```
$ kubectl scale deploy my-deploy --replicas=1
deployment.apps/my-deploy scaled

$ kubectl get pods
NAME                          READY   STATUS    RESTARTS   AGE
my-deploy-768767b769-rz6gt    1/1     Running   0          5m16s
```

이렇게 kubectl scale 명령어를 이용해 디플로이먼트를 수정해도 해당 디플로이먼트의 명세 파일인 my-deploy.yaml에는 영향을 주지 않습니다. 따라서 이후 버전 업데이트 등의 이유로 my-deploy.yaml 파일을 수정한 뒤 다시 적용하면 파드의 숫자는 해당 명세에 기록된 2개로 돌아갑니다.

이러한 현재 클러스터의 상태와 명세 내역의 불일치는 추후 혼란을 야기할 수 있습니다. kubectl scale 명령어를 이용한 조정이 영구적으로 적용되기를 원한다면 디플로이먼트 명세에도 해당 수정을 반영해 주는 것이 좋습니다.

3.4 상황에 따라 자동으로 스케일 조정하기

엔지니어가 파드의 자원 사용량을 예의 주시하고 있다가 사용량이 급증하기 시작할 때 빠르게 디플로이먼트를 스케일해 주는 작업은 기술적으로는 어렵지 않습니다. 하지만 이를 24시간 365일 모니터링하는 것은 매우 비효율적입니다.

다행히도 쿠버네티스에 모니터링과 스케일링을 자동으로 해주는 오브젝트가 있는데, 이를 오토스케일러(autoscaler)라고 부릅니다. 특히 자원 사용량에 따라 파드의 숫자를 조절해 주는 오브젝트를 HPA(Horizontal Pod Autoscaler)라고 합니다.

오토스케일러의 동작을 확인하기 위해서 my-stress 디플로이먼트를 일부 수정하겠습니다.

코드 3-3 **chapter3/my-stress-03.yaml**

```
...(중략)...
  spec:
    containers:
    - name: stress-generator
      image: stress:1.0.0
      args: ["--cpu","2","--vm","1","--vm-bytes","500M","--timeout","600s"]  ❶
      resources:
        requests:
          cpu: "500m"
          memory: "1000Mi"
        limits:
          cpu: "1000m"
          memory: "1000Mi"
```

❶ 오토스케일러는 다소 시간을 두고 파드를 조정하기 때문에 부하 발생 시간을 600초로 늘렸습니다.

그리고 오토스케일을 담당할 HPA를 다음과 같이 만들어 줍니다.

코드 3-4 **chapter3/stress-hpa.yaml**

```
apiVersion: autoscaling/v1
kind: HorizontalPodAutoscaler  ❶
```

```
metadata:
  name: stress-hpa
spec:
  scaleTargetRef:   ❷
    apiVersion: apps/v1
    kind: Deployment
    name: my-stress
  minReplicas: 1                      ❸
  maxReplicas: 4                      ❹
  targetCPUUtilizationPercentage: 50  ❺
```

> ❶ HPA 오브젝트를 선언합니다.
>
> ❷ 상황에 따라 조정할 대상 오브젝트를 지정합니다. 여기서는 my-stress 디플로이먼트를
> 지정했습니다.
>
> ❸ 대상 오브젝트가 가질 수 있는 최소 복제수를 지정합니다.
>
> ❹ 대상 오브젝트가 가질 수 있는 최대 복제수를 지정합니다.
>
> ❺ 대상 오브젝트가 이상적으로 가지고 있어야 할 CPU 사용률을 명시합니다.

생성한 HPA를 쿠버네티스에 적용해 줍니다.

```
$ kubectl apply -f my-hpa.yaml
horizontalpodautoscaler.autoscaling/stress-hpa created
```

```
$ kubectl get hpa stress-hpa
NAME          REFERENCE             TARGETS         MINPODS  MAXPODS  REPLICAS  AGE
stress-hpa    Deployment/my-stress  <unknown>/50%   1        4        0         15s
```

그리고 작성한 my-stress 디플로이먼트를 적용하겠습니다.

```
$ kubectl apply -f my-stress.yaml
deployment.apps/my-stress created
```

각 파드는 기동 후 60초를 기다린 뒤 CPU 로드를 발생시킵니다. 최초에는
replicas를 2개로 설정했으므로 2개의 파드가 생성됩니다. 잠시 뒤 조회해 보
면 HPA가 현재 부하를 측정하고 있음을 알 수 있습니다.

```
$ kubectl top pods
NAME                           CPU(cores)   MEMORY(bytes)
my-stress-6f9bccd467-7jh4n     1003m        206Mi
my-stress-6f9bccd467-bxl9x     1003m        212Mi
```

```
$ kubectl get hpa
NAME            REFERENCE            TARGETS      MINPODS  MAXPODS  REPLICAS  AGE
stress-hpa      Deployment/my-stress 200%/50%     1        4        2         2m51s
```

조금 시간이 지난 뒤 다시 조회해 보면 HPA가 파드 숫자를 조정한 것을 확인
할 수 있습니다.

```
$ kubectl get hpa
NAME            REFERENCE            TARGETS      MINPODS  MAXPODS  REPLICAS  AGE
stress-hpa      Deployment/my-stress 200%/50%     1        4        4         3m51s

$ kubectl get pods
NAME                          READY   STATUS    RESTARTS   AGE
my-stress-6f9bccd467-7jh4n    1/1     Running   0          2m49s
my-stress-6f9bccd467-8dwv8    1/1     Running   0          2m
my-stress-6f9bccd467-bxl9x    1/1     Running   0          2m49s
my-stress-6f9bccd467-d4jj7    1/1     Running   0          2m
```

HPA의 동작은 엔지니어가 파드를 스케일하는 동작과 매우 유사합니다. HPA
는 지속적으로 파드의 자원 사용량을 모니터링하면서 최적의 파드 숫자를 결
정하고, replicas를 조정하여 대응합니다.

　코드 3-4의 ❺에서 HPA를 정의할 때 targetCPUUtilizationPercentage: 50
이라고 명시해 준 것은, 파드가 50% 정도의 CPU를 사용하는 것이 이상적이라
는 뜻입니다. 따라서 쿠버네티스는 전체 파드의 평균 CPU 사용률이 목표 사용
량인 50%에 도달할 수 있는 최적의 파드 숫자를 결정하고 이에 맞추어 파드를
추가하거나 종료시킵니다. 실제로 목표하는 replicas는 다음과 같은 공식으로
결정합니다.

　목표 파드 수 = 현재 파드 수 × (현재 자원 사용량 / 목표 자원 사용량)

만약 현재 2개의 파드의 CPU 사용률이 모두 60%라면 공식에 따라 replicas는
다음과 같이 결정됩니다.

　목표 파드 수 = 2 × (60 / 50) = 2.4

쿠버네티스는 오토스케일러에 의해 파드의 숫자를 결정할 때 항상 결과를 올

림합니다. 따라서 쿠버네티스는 파드를 3개로 조정합니다. 파드의 숫자가 아슬아슬하거나 부족한 것보다는 남는 것이 안정적이기 때문에 자연스러운 동작입니다.

만약 애플리케이션에 가해지는 부하가 일정하다면 3개의 파드는 평균 40% 정도의 CPU를 사용할 것입니다.

목표 파드 수 = 3 × (40 / 50) = 2.4

여전히 최적의 파드는 3개이기 때문에 별다른 동작을 하지 않습니다. 만약 부하가 줄어들어서 파드가 평균 20% 정도의 CPU만 사용한다면 파드 숫자는 다음과 같이 바뀝니다.

목표 파드 수 = 3 × (20 / 50) = 1.2

따라서 파드는 2개로 줄어듭니다. 쿠버네티스는 이런 동작을 반복하며 최적의 파드 숫자를 유지하도록 노력합니다.

☑ 오토스케일러의 흔들림 억제 동작

일반적으로 CPU 사용량은 변동이 크기 때문에 오토스케일러를 적용하면 파드가 생성과 종료를 반복하면서 또 다른 부작용을 유발하지는 않을까 걱정될 수도 있습니다. 오토스케일러 때문에 파드의 숫자가 급격히 변동하는 흔들림(thrashing) 현상을 억제하기 위해서 쿠버네티스는 몇 가지 파라미터들을 제공합니다.

예를 들어 쿠버네티스는 기본적으로 10%의 자원 사용량 변동은 스케일링을 발생시키지 않도록 용인해 주며, 어떤 형태로든 스케일 다운이 일어났다면 5분간은 추가적인 스케일 다운을 하지 않습니다. 또한 새로 추가된 파드는 30초간 메트릭 수집 대상에서 제외하여서 자원 사용량의 평균값이 왜곡되는 것을 막아줍니다.

이러한 파라미터들은 쿠버네티스 클러스터의 설정에서 변경 가능합니다. 만약 쿠버네티스 클러스터 버전이 1.23 이상이라면 정식으로 추가된 behavior 정의를 통해 HPA의 세부적인 동작을 지정해 줄 수 있습니다. 관련 내용은 *https://kubernetes.io/docs/tasks/run-application/horizontal-pod-autoscale/#configurable-scaling-behavior*를 참고하세요.

4장

애플리케이션의 설정을
체계적으로 관리하기

설정(configuration)은 애플리케이션이 정상적으로 돌아가기 위해 필요한 모든 정보를 말합니다. 여기에는 데이터베이스나 저장소의 주소, 호출하고 싶은 API의 인증키, 남기고자 하는 로그 정보 등 환경에 따라 변할 수 있는 모든 값이 포함됩니다.

설정을 관리하는 방식에는 소스코드에 하드 코딩하여 직접 저장하는 방식, 별도의 설정 파일을 분리하여 읽어오는 방식, 환경 변수를 사용하는 방식, 설정 서버를 활용하는 방식 등이 있습니다. 어떤 방식으로 설정을 관리하는 것이 유리한지에 대한 명확한 답은 없으며 상황에 따라서 달라질 수 있습니다.

소프트웨어를 개발하고 배포하는 환경이 다양하고 복잡해지면서 일반적으로 설정은 소프트웨어의 내부보다는 외부에 있는 것이 유리합니다. 이를 외부화된 설정(externalized configuration)이라고 합니다.

이렇게 복잡하고 다양한 설정을 관리하면서 특별히 신경 써야 하는 부분이 하나 더 있습니다. 설정에서 관리하는 값 중에서 공개되면 보안에 큰 위협을 가져올 수 있는 민감한 값이 있기 때문입니다. 예를 들면 데이터베이스의 암호나 API를 호출하기 위한 인증키 같은 값이 있습니다.

민감한 설정값들은 조금 더 신경 써서 관리해야 합니다. 이런 값들은 소스코드에 포함하지 않고, 애플리케이션의 배포 이후에 환경 변수 등을 이용해 수동으로 설정해 주거나 데이터를 안전하게 보관해주는 별도의 KMS(key management service)를 연결해서 사용하는 방법 등을 사용할 수 있습니다. 하지만 보안을 강화하기 위한 활동이 으레 그렇듯이 중요한 설정을 따로 관리하는 것은 어렵고 귀찮습니다.

쿠버네티스를 활용하더라도 애플리케이션의 설정값은 기존과 동일하게 관리할 수 있습니다. 소스코드에 직접 설정을 포함하거나 설정 파일로 포함하여 컨테이너 이미지로 올리는 것을 물론이고 실행 인자나 환경 변수를 이용하여 설정을 주입할 수 있도록 파드의 명세에 정의해 줄 수도 있습니다.

하지만 더 다양한 요구사항에 대응하기 위하여 쿠버네티스는 설정 관리를 도와주기 위한 오브젝트인 컨피그맵(ConfigMap)과 시크릿(Secret)을 제공합니다. 이번 장에서는 쿠버네티스에서 설정값을 관리하기 위한 다양한 방법에 대해 알아보겠습니다.

4.1 환경 변수와 실행 인자

하나의 애플리케이션을 다양한 환경에서 실행하는 보편적인 방법은 애플리케이션의 실행 인자에 현재 환경을 전달하는 것입니다. 애플리케이션은 모든 환경에 대한 설정을 포함한 채로 배포되며 전달받은 환경 정보를 바탕으로 적절한 설정값을 선택할 수 있습니다. 예를 들어서 다음과 같이 두 개의 설정 파일이 애플리케이션에 포함되었다고 가정하겠습니다.

코드 4-1 **chapter4/application.properties**

```
my-message: "hello! (default)"
```

코드 4-2 **chapter4/application-prod.properties**

```
my-message: "hello! (production)"
```

그리고 해당 설정값을 출력해 주는 API를 만들겠습니다.

코드 4-3 **chapter4/MyMessageController.java**

```
@RestController
public class MyMessageController {
    @Value("${my-message}") String myMessage;   ❶
```

```
    @GetMapping("/hello")  ❷
    public String hello() {
        return myMessage;
    }
}
```

❶ application.properties 파일에 my-message라는 이름으로 지정된 설정값을 읽어 와
서 myMessage 변수에 저장합니다.

❷ 서버에 /hello 경로로 들어오는 요청에 대해 myMessage 변수값을 반환해 줍니다.

해당 애플리케이션을 별다른 실행 인자 없이 실행하고 API를 호출해 보겠습니다.

```
$ curl localhost:8080/hello
hello! (default)
```

스프링 프레임워크의 경우 환경에 대한 인자가 전달되지 않으면 application.
properties 파일에 있는 설정값을 사용합니다. 따라서 API를 호출했을 때도
application.properties 파일에 정의한 "hello! (default)"라는 메시지가 출
력되었습니다. 만약 application-prod.properties 파일에 있는 설정값을 사용
하고 싶으면 다음과 같이 실행 인자로 환경 정보를 넘겨 줍니다.

```
$ java -Dspring.profiles.active=prod -jar my-app.jar
...
```

애플리케이션을 실행할 때 -Dspring.profile.active 파라미터를 이용해서 어
떤 설정 파일을 사용할지 전달할 수 있습니다. 만약 여기에 prod라는 환경 정보
를 전달할 경우 application-prod.properties 파일을 설정값으로 사용합니다.
  이렇게 애플리케이션을 실행하고 API를 호출하면 prod 환경에 맞는 설정값
을 사용하는 것을 확인할 수 있습니다.

```
$ curl localhost:8080/hello
hello! (production)
```

하지만 애플리케이션을 직접 실행하지 않고 쿠버네티스를 이용해서 관리한다
면 앞의 코드와 같이 인자를 전달해 직접 실행하는 방법을 쓰기 어렵습니다.

이 문제를 해결하기 위해서 가장 쉽게 생각할 수 있는 건 컨테이너 이미지를 빌드할 때 실행 명령어에 인자를 전달해 주는 방법입니다. 예를 들면 Dockerfile에 다음과 같이 정의할 수 있습니다.

```
ENTRYPOINT ["java","-jar","/app.jar","--spring.profiles.active=prod"]
```

이 이미지를 빌드해서 쿠버네티스에서 실행하면 prod 프로필을 사용하는 애플리케이션을 실행할 수 있습니다. 하지만 이 방식으로 애플리케이션을 배포할 경우 각각의 환경에 맞는 이미지를 따로 빌드해야 합니다. 예를 들어서 애플리케이션을 dev, stage, production 환경으로 배포하고자 한다면 Dockerfile도 각각의 환경에 맞게 3개가 만들어져야 합니다.

이는 만들어진 이미지를 저장하는 레지스트리에서도 환경별로 이미지를 분리하여 관리해야 하는 어려움이 있습니다. 그래서 단순히 실행 인자를 구분하기 위해 이미지를 분리하는 것보다는 하나의 이미지를 사용하면서 쿠버네티스의 파드 명세에서 직접 실행 인자를 정의해 주는 편이 더 효율적입니다.

코드 4-4 **chapter4/my-pod.yaml**

```
apiVersion: v1
kind: Pod
metadata:
  name: my-pod-prod
spec:
  containers:
  - name: my-container
    image: my-app:1.0.0
    ports:
    - containerPort: 8080
    args: ["--spring.profiles.active=prod"]  ❶
```

> ❶ args로 지정한 값은 이미지에 ENTRYPOINT로 지정된 실행 명령어의 뒤에 붙어서 실행됩니다.

이렇게 정의하면 my-app 이미지는 하나로 유지하면서 파드 혹은 디플로이먼트의 정의만 환경별로 나누어서 정의하여 관리할 수 있습니다.

☑ 쿠버네티스에서 환경을 구분하기 위한 네임스페이스의 사용법

하나의 쿠버네티스 클러스터에 다양한 환경을 구성해서 사용하고 싶을 때는 네임스페이스 (namespace)를 사용하는 것이 편합니다. 네임스페이스는 클러스터에서 오브젝트를 논리적으로 구분해 주는 단위입니다. 네임스페이스는 네임스페이스 명세 파일을 정의해서 적용하거나 다음과 같이 kubectl을 이용해 간단히 생성할 수 있습니다.

```
$ kubectl create namespace prod
namespace/prod created
```

생성한 네임스페이스에 속하는 오브젝트를 구분하기 위해서 다음과 같이 명세 파일의 meta data에 네임스페이스를 정의할 수 있습니다.

```
apiVersion: v1
kind: Pod
metadata:
  name: my-pod-prod
  namespace: prod
...
```

또한 kubectl 명령어를 사용할 때도 다음과 같이 네임스페이스를 인자로 전달하여 구분해 줄 수 있습니다.

```
$ kubectl --namespace=prod get pod
NAME                          READY   STATUS    RESTARTS   AGE
my-app-prod-6f9bccd467-bfgdn  1/1     Running   0          10s
```

만약 네임스페이스를 명세나 kubectl의 인자에 전달하지 않는다면 쿠버네티스는 해당 오브젝트의 네임스페이스를 default로 간주합니다. 네임스페이스의 조금 더 자세한 활용법은 7장에서 알아보겠습니다.

애플리케이션의 구성에 따라서는 실행 인자가 아니라 환경 변수 형태로 설정을 전달해 주는 것이 적합할 수도 있습니다. 따라서 위의 스프링 프로필 설정은 다음과 같은 형태로도 정의할 수 있습니다.

코드 4-5 **chapter4/my-pod-02.yaml**

```yaml
apiVersion: v1
kind: Pod
metadata:
  name: my-pod-prod
spec:
  containers:
  - name: my-container
    image: my-app:1.0.0
    ports:
    - containerPort: 8080
    env:
    - name: SPRING_PROFILES_ACTIVE
      value: "prod"
```

컨테이너에 인자를 전달해 주는 방식과 환경 변수를 설정해 주는 방식은 비슷하게 동작하는 것처럼 보이고 결과도 비슷하지만 약간의 차이가 있습니다.

인자를 전달하는 방식은 이미지의 실행 명령어 뒷부분에 정의한 인자를 덧붙이기 때문에 이미지의 실행 명령어가 인자를 전달받을 수 있도록 구성되어야 합니다. 환경 변수를 설정하는 방식은 컨테이너에서 실행되는 OS 자체에 환경 변수를 추가하기 때문에 이미지의 실행 인자와는 무관하게 동작합니다.

따라서 애플리케이션에 직접적인 설정값을 전달해 주기 위한 용도로는 인자를 사용할 수 있지만, 애플리케이션이 실행되는 환경과 관련된 값들을 정의하는 용도로는 환경 변수를 사용하는 것이 유리한 경우가 많습니다. 만약 동일한 설정이 인자와 환경 변수에 동시에 정의되어 있다면 일반적으로 환경 변수가 더 높은 우선순위를 가집니다.

4.2 컨피그맵을 이용하여 여러 설정값 한번에 관리하기

실행 인자 혹은 환경 변수를 사용하는 방식은 사전에 결정된 여러 가지 설정값 중 하나를 선택할 때는 최적이지만 자주 바뀌는 설정값을 저장하기에는 적합하지 않습니다. 예를 들어서 API를 호출하기 위한 인증키를 일주일에 한 번씩 바꿔야 하는 상황이 있을 수 있습니다.

만약 인증키가 애플리케이션의 `application.properties`와 같은 설정 파일

내에 정의되어 있다면, 일주일에 한 번씩 설정 파일을 바꿔서 이미지를 다시 빌드한 뒤 배포해야 합니다. 이는 관리하는 소스코드에서 개발 중인 부분과 배포 가능한 부분을 분리해서 관리해야 하는 부담을 지게 합니다. 이를 방지하기 위해서 다음과 같이 파드 정의에 환경 변수로 인증키를 지정해 줄 수 있습니다.

```
...(중략)...
env:
- name: SPRING_PROFILES_ACTIVE
  value: "prod"
- name: MY_API_KEY
  value: "1234567890abcdef"
```

인증키가 바뀌었다면 파드 정의만 변경한 뒤 다시 적용하면 됩니다. 이 경우 소스코드의 변경 없이 설정만 변경하여 파드를 다시 실행할 수 있기 때문에 설정 파일을 수정하고 다시 빌드하는 것에 비해서 부담이 적습니다. 하지만 여러 애플리케이션이 같은 인증키를 사용하는 경우처럼 여러 파드가 하나의 설정을 공유한다면, 인증키가 변경되었을 때 여러 파드 정의를 모두 변경해야 합니다. 파드가 많아질수록 해야 할 작업은 점점 많아집니다.

이를 해결하기 위해 쿠버네티스는 컨피그맵(ConfigMap) 오브젝트를 제공합니다. 컨피크맵은 필요한 설정값을 키-값의 사전(dictionary) 형태로 쿠버네티스 클러스터에 저장하고 파드에서 사용할 수 있도록 도와주는 역할을 합니다. 컨피그맵은 다음과 같이 정의할 수 있습니다.

코드 4-6 **chapter4/my-config.yaml**

```
apiVersion: v1
kind: ConfigMap
metadata:
  name: my-config
data:
  my_api_key: "1234567890abcdef"
```

작성한 컨피그맵 명세는 다른 쿠버네티스 오브젝트와 마찬가지로 kubectl apply 명령어를 통해 적용할 수 있습니다.

```
$ kubectl apply -f my-config.yaml
configmap/my-config created
```

이렇게 만들어진 컨피그맵의 데이터는 다음과 같이 파드를 생성할 때 참조할 수 있습니다.

```
...(중략)...
env:
- name: MY_API_KEY
  valueFrom:
    configMapKeyRef:
      name: my-config
      key: my_api_key
```

이렇게 하면 쿠버네티스는 파드가 실행되는 시점에 컨피그맵으로부터 현재 설정값을 받아와서 환경변수로 주입합니다. 만약 컨피그맵에 값이 바뀐 경우 파드를 재시작하여 바뀐 값을 환경변수에 반영할 수 있습니다.

컨피그맵은 키와 값의 조합으로 사용하는 방법도 있지만, 전체 파일을 기록하여 참조하는 방법도 있습니다. 예를 들어서 다음과 같이 컨피그맵을 정의하면, 앞에서 정의했던 application.properties 파일에 포함된 설정 중 일부를 컨테이너 이미지에 포함하지 않고 외부에서 관리할 수 있습니다.

코드 4-7 **chapter4/my-config-02.yaml**

```
apiVersion: v1
kind: ConfigMap
metadata:
  name: my-config
data:
  my-property: |  ❶
    my-message: "hello! (configmap)"
    my-api-key: "123456890abcdef"
```

> ❶ YAML 파일을 사용할 때 | 기호를 사용하면 그다음 줄에 정의하는 값을 개행문자를 포함한 멀티라인 텍스트로 지정할 수 있습니다.

이렇게 정의한 파일은 다음과 같이 볼륨(volume)의 형태로 파드의 특정 경로에 저장되도록 정의할 수 있습니다.

코드 4-8 **chapter4/my-pod-03.yaml**

```yaml
apiVersion: v1
kind: Pod
metadata:
  name: my-pod
spec:
  containers:
  - name: my-container
    image: my-app:1.0.0
    volumeMounts:        ❶
    - name: property
      mountPath: /app/resources
  volumes:
  - name: property       ❷
    configMap:
      name: my-config ❸
      items:
      - key: my-property              ❹
        path: application.properties ❺
```

❶ volumes에 정의한 볼륨 중 이름이 property인 볼륨을 가져와서 컨테이너 내부의 /app/
resources에 연결하겠다는 의미입니다. 볼륨에 대해서는 6장에서 자세히 알아봅니다.

❷ 컨피그맵의 설정 내용을 파일로 저장할 property라는 이름의 볼륨을 정의합니다.

❸ 컨피그맵에 정의한 my-config 오브젝트를 대상으로 지정합니다.

❹ my-config 오브젝트 내의 my-property 설정값을 사용합니다.

❺ my-property에 지정한 설정값을 application.properties라는 이름의 파일로 저장
합니다. ❶의 설정과 결합하여 이 파일은 컨테이너 내부의 /app/resources/applica
tion.properties 파일로 저장됩니다.

이렇게 컨피그맵을 파일로 참조하는 경우 컨피그맵의 내용이 변경되면 파드를
재시작하지 않아도 파일의 내용이 같이 변경됩니다. 다만 애플리케이션이 설
정 파일을 실행 시점에만 읽어 들이는 경우가 많기 때문에 바뀐 설정을 애플리
케이션에 반영하기 위해서는 파드를 재시작해야 할 수도 있습니다.

4.3 시크릿을 이용해 민감한 설정값 관리하기

애플리케이션에서 사용하는 설정값 중에서는 외부에 공개되면 곤란해지는 값
들이 있습니다. 대표적으로 데이터베이스의 비밀번호와 같은 값입니다. 이러

한 비밀번호는 애플리케이션이 정상적인 동작을 하는 데는 꼭 필요하지만, 외부에 노출되면 보안이 심각하게 위협받을 수 있습니다.

컨피그맵은 내용이 평문으로 저장되기 때문에 보안이 중요한 값을 저장하기에는 적절하지 않습니다. 쿠버네티스는 이러한 설정값을 암호화하여 관리할 수 있도록 시크릿(Secret) 오브젝트를 따로 제공합니다. 시크릿은 외부에 공개되면 안 되는 설정값들을 별도로 관리할 수 있도록 해 주는 쿠버네티스 오브젝트입니다. 시크릿의 전반적인 사용법은 컨피그맵과 비슷하기 때문에 쉽게 이해할 수 있습니다.

애플리케이션에서 데이터베이스의 비밀번호와 API 키를 외부에 노출되지 않게 관리하고 싶다면 다음과 같은 명령어로 시크릿을 생성해 줍니다.

```
$ kubectl create secret generic my-app-secret --from-literal=db-password='mydbpassword!'
--from-literal=secret-api-key='987654321fedcba' ❶
secret/my-app-secret created
```

> ❶ 일반적인 키-값 형태의 시크릿을 텍스트로 입력하여 생성하기 위해 –from-literal 인자를 사용하였습니다. 텍스트가 아닌 파일을 시크릿으로 변환하고 싶다면 –from-file 인자를 사용하면 됩니다.

생성된 시크릿은 일반적인 kubectl 명령어로는 내용을 확인할 수 없습니다.

```
$ kubectl get secret my-app-secret
NAME            TYPE      DATA    AGE
my-app-secret   Opaque    2       86s

$ kubectl describe secret my-app-secret
Name:          my-app-secret
Namespace:     default
Labels:        <none>
Annotations:   <none>

Type:   Opaque              ❶

Data
====
db-password:      13 bytes  ❷
secret-api-key:   15 bytes
```

❶ 특별한 타입을 지정하지 않는 경우 시크릿은 불투명(Opaque) 타입을 가집니다. 이는 평범한 텍스트 형태의 시크릿을 의미합니다.

❷ kubectl describe 명령으로는 시크릿의 키와 크기만 표시되며, 값을 보여 주지는 않습니다.

이렇게 만들어진 시크릿을 애플리케이션에서 사용하는 방법은 컨피그맵을 사용할 때와 거의 동일합니다. 파드를 정의할 때 다음과 같이 시크릿에 대한 참조를 지정해 주면 됩니다.

코드 4-9 **chapter4/my-pod-04.yaml**

```
...(중략)...
env:
- name: MY_DB_PASSWORD
  valueFrom:
    secretKeyRef:
      name: my-app-secret
      key: db-password
- name: MY_SECRET_API_KEY
  valueFrom:
    secretKeyRef:
      name: my-app-secret
      key: secret-api-key
```

저장한 시크릿은 kubectl get secret 명령어와 같은 일반적인 방법으로 그 내용을 조회할 수 없지만 필요한 경우 다음과 같이 인자를 추가하면 저장된 값을 조회할 수 있습니다. 보안이 중요해서 별도로 관리하는 설정값들을 특정 명령어를 통해 쉽게 조회할 수 있다는 사실이 다소 이상하게 느껴질 수 있습니다. 이 의문에 대해서는 뒤에서 다시 다루도록 하겠습니다.

```
$ kubectl get secret my-app-secret -o yaml   ❶
apiVersion: v1
data:       ❷
  db-password: bXlkYnBhc3N3b3JkIQ==
  secret-api-key: OTg3NjU0MzIxZmVkY2Jh
kind: Secret
metadata:   ❸
  creationTimestamp: "2022-02-18T13:45:34Z"
  name: my-app-secret
  namespace: default
```

```
  resourceVersion: "736096"
  uid: 7d05e3e2-915c-4bdf-b904-fa011175757f
type: Opaque
```

❶ kubectl get 명령어에 –o 인자를 추가하면 출력 형식을 지정할 수 있습니다. –o yaml은 해당 오브젝트를 YAML 형식으로 출력하라는 명령이며, 이렇게 출력한 내용을 그대로 저장하여 해당 오브젝트를 다시 만들 때 사용할 수 있습니다.

❷ describe 명령으로는 확인하지 못했던 시크릿 값을 확인할 수 있습니다.

❸ 메타데이터에는 해당 오브젝트를 생성할 때 지정해준 값 외에도 쿠버네티스가 관리를 위해 저장한 타임스탬프, 버전, ID 값 들이 같이 표시됩니다.

시크릿을 생성할 때 입력한 값들이 다른 형태로 출력되는 것을 확인할 수 있습니다. 예를 들어서 db-password는 mydbpassword!라는 값으로 저장했지만 조회해 보면 bXlkYnBhc3N3b3JkIQ==라는 값으로 출력됩니다. 이 값은 단순히 보면 암호화되어서 저장된 것처럼 보이지만 실제로는 단순한 Base64 인코딩된 값입니다. 따라서 시크릿의 원래 내용은 간단하게 Base64 디코딩 명령어를 통하여 확인할 수 있습니다.

```
$ echo bXlkYnBhc3N3b3JkIQ== | base64 -D   ❶
mydbpassword!
```

❶ 앞의 값을 Base64 디코딩을 거쳐서 출력하도록 파이프라인을 이용하여 넘겨 주었습니다.

그동안 파드, 디플로이먼트, 컨피그맵 등의 오브젝트는 별도의 명세 파일을 먼저 작성하고 이를 kubectl apply 명령어로 쿠버네티스에 적용하는 방식으로 사용했습니다. 하지만 시크릿은 별도의 명세 파일을 만들지 않고 kubectl create secret 명령어를 이용해서 만들었는데, kubectl create secret 명령어를 이용해 만든 시크릿은 자동으로 Base64 인코딩되어 쿠버네티스에 저장됩니다.

만약 시크릿을 명세 파일로 만들고자 한다면 다음과 같이 직접 인코딩된 값을 기록해서 적용하면 됩니다. 예를 들어서 anotherpassword@라는 비밀번호를 시크릿에 저장하고자 한다면 다음과 같이 비밀번호를 Base64 인코딩할 수 있습니다.

```
$ echo anotherpassword@ | base64
YW5vdGhlcnBhc3N3b3JkQAo=
```

이후 인코딩된 값을 이용하여 직접 시크릿 명세 파일을 만들어 줍니다.

코드 4-10 **chapter4/my-secret.yaml**

```yaml
apiVersion: v1
kind: Secret
metadata:
  name: my-second-secret
data:
  another-secret: YW5vdGhlcnBhc3N3b3JkQAo=
```

만들어진 명세를 적용하면 이 시크릿을 쿠버네티스에서 사용할 수 있습니다.

```
$ kubectl apply -f my-secret.yaml
secret/my-second-secret created
```

이렇게 시크릿의 값을 저장하고 확인하는 과정을 진행하면 하나의 의문이 들수 있습니다. 값을 Base64 형태로 변환하는 것은 암호화를 하는 것은 아니기 때문에 누구나 시크릿의 내용을 확인하여 비밀번호를 탈취할 수 있을 것 같고, 컨피그맵에 비해서 특별히 보안성이 좋은 것처럼 보이지도 않습니다. 하지만 민감한 설정값을 컨피그맵과 분리하여 시크릿으로 관리하는 것은 몇 가지 부분에서 유의미한 차이를 가지고 있습니다.

우선 설정값을 컨피그맵과 시크릿이라는 별도의 분리된 오브젝트로 관리해 줌으로써 관리자들이 각 오브젝트에 서로 다른 접근 권한을 지정해 줄 수 있습니다. 예를 들어서 자주 바뀌는 민감하지 않은 값을 관리하는 컨피그맵의 경우 개발자들도 누구나 조회, 수정, 삭제할 수 있도록 권한을 주고 시크릿은 특정 사용자에게만 조회 권한을 주는 등으로 구분하여 관리할 수 있습니다.

필요한 경우 관리자는 시크릿의 값들을 암호화하여 전송하도록 별도의 설정을 할 수도 있으며 시크릿 전체를 Base64 인코딩이 아닌 별도의 암호화를 거쳐서 관리하도록 플러그인을 설치할 수도 있습니다. 또한 시크릿은 일반적인 키-값 형태의 설정값을 포함하여 도커 자격 증명, SSH 연결을 위한 프라이빗 키, TLS 인증서 등을 저장하도록 지원해 줍니다. 그래서 애플리케이션의 실행 혹은 쿠버네티스의 동작에 필요한 자격 증명을 체계적으로 관리할 수 있습니다.

5장

애플리케이션과 네트워크
연결하기

우리가 개발하는 많은 애플리케이션들은 인터넷과 같은 네트워크를 통해 외부
와 상호작용하면서 동작합니다. 특히 쿠버네티스를 활용하여 개발하는 애플리
케이션은 대부분 서버 애플리케이션입니다.

　서버 애플리케이션은 네트워크로부터 들어온 요청을 받아서 필요한 작업을
처리하고 적절한 응답을 네트워크를 통해 돌려줍니다. 그러다 보니 쿠버네티
스를 배울 때 반드시 한 번은 이러한 고민을 하게 됩니다. 애플리케이션을 네
트워크에 연결해서 사용자 혹은 다른 애플리케이션과 어떻게 상호작용해야 할
지에 대한 것입니다.

　특정한 기능을 가진 여러 개의 작은 서비스를 모아서 하나의 큰 서비스를 만
들어내는 구조를 마이크로서비스 아키텍처(microservice architecture)라고 합
니다. 이 마이크로서비스 아키텍처를 이용해 애플리케이션을 개발하는 경우에
도 네트워크는 중요합니다. 하나의 서비스로 애플리케이션을 구성할 때는 애
플리케이션이 외부와 소통하는 방식만 고려해도 되지만, 여러 개의 서비스로
애플리케이션을 구성할 경우 애플리케이션 내부에서 각각의 서비스가 다른 서
비스와 연결되는 방식까지 신경 써야 하기 때문입니다.

　과거에는 애플리케이션을 한번 실행하면 다음 업데이트까지 종료하거나 노
드를 바꾸지 않는 구조를 많이 사용했습니다. 이때는 일반적으로 네트워크상
에서 다른 애플리케이션을 식별할 때 고정된 IP 주소와 포트를 사용합니다. 이

런 방식은 고정된 위치에 설치된 물리적인 서버를 사용하는 경우에 특히 선호 되었습니다. 하지만 클라우드 서비스를 활용하여 애플리케이션을 배포하면서 부터는 애플리케이션의 IP 주소를 고정시키기 어려워졌습니다. 이를 극복하기 위해 가상 IP를 부여하거나 별도의 네트워크 장치를 연결하는 방식 등이 활용 되기 시작했습니다.

쿠버네티스를 이용하여 애플리케이션을 실행할 때를 생각해 보면 애플리케 이션을 네트워크에 연결하는 작업이 쉽지 않을 것 같기도 합니다. 1장에서 살 펴본 것처럼 파드 형태로 실행하는 애플리케이션은 다양한 상황에서 자주 종 료되고 다시 실행됩니다. 그런데 이 파드들은 클러스터에 속한 여러 워커 노드 중 하나에서 실행됩니다.

워커 노드가 바뀔 경우 파드에 접근하기 위한 주소 또한 계속 바뀌어서 정상 적인 서비스를 진행하기 어려울 것처럼 보이기도 합니다. 또 어떤 경우에는 하 나의 워커 노드에 여러 개의 동일한 파드가 실행되기도 합니다. 동일한 파드는 동일한 포트를 사용하기 때문에 포트의 충돌로 워커 노드의 수를 넘어서는 파 드를 실행할 수 없을 것 같기도 합니다.

다행히도 쿠버네티스는 복잡해질 수 있는 네트워크 동작 역시 단순한 작업 으로 처리할 수 있도록 도와줍니다. 이번 장에서는 쿠버네티스에서 애플리케 이션의 네트워크를 어떻게 다루는지 알아보고, 애플리케이션을 개발할 때 주 의해야 할 점에 대해서도 살펴보겠습니다.

5.1 파드 내부의 컨테이너끼리 통신하기

지금까지 알아본 모든 파드는 컨테이너를 하나만 가지고 있었습니다. 하지만 컨테이너에 대한 정의를 containers 항목 아래에 명시한 것에서 알 수 있듯이 파드는 다수의 컨테이너를 가질 수 있습니다. 예를 들면 다음과 같이 여러 개 의 컨테이너를 실행할 수 있습니다.

코드 5-1 chapter5/multi-container-pod.yaml

```
apiVersion: v1
kind: Pod
```

```
metadata:
  name: my-multi-container-pod
spec:
  containers:
  - name: first-container    ❶
    image: first-app:1.0.0
    ports:
    - containerPort: 8080
  - name: second-container
    image: second-app:1.0.0
    ports:
    - containerPort: 3000    ❷
```

❶ YAML 규격에서 동등한 위치를 가지는 속성들은 하이픈을 이용하여 나열합니다.

❷ 컨테이너가 사용하는 포트는 파드 내에서 유일해야 하며 다른 컨테이너와 중복되면 안 됩니다.

☑ 여러 컨테이너로 구성된 파드

하나의 파드에 컨테이너를 여러 개 포함하는 것은 특별한 목적이 없다면 추천하는 구성은 아닙니다. 같은 파드에 포함된 컨테이너는 모든 라이프사이클을 공유하기 때문에 특정 컨테이너의 문제로 파드가 재시작하는 경우 다른 모든 컨테이너도 같이 재시작됩니다. 또 파드를 스케일링하여 숫자를 늘리거나 줄일 때도 모든 컨테이너의 수량이 같이 늘어나거나 줄어들기 때문에 효율적으로 스케일링하기가 쉽지 않습니다.

따라서 하나의 파드에 여러 컨테이너를 구성하는 경우에는 그 파드의 목적에 맞는 주 컨테이너와 그 컨테이너에 종속된 보조 컨테이너를 구분하는 것이 좋습니다. 이와 같은 구성을 사이드카 패턴(sidecar pattern)이라고 합니다. 예를 들면 애플리케이션을 하나의 컨테이너로 파드에 포함시키고, 그 애플리케이션의 로그를 수집하기 위한 로그 수집기를 별도 컨테이너로 같은 파드에서 실행하도록 구성할 수 있습니다.

이때, 파드의 활성 프로브를 애플리케이션 쪽으로 지정해서 파드의 라이프사이클을 애플리케이션의 라이프사이클과 일치시킵니다. 그러지 않으면 애플리케이션이 비정상적으로 종료되어도 보조 컨테이너들이 살아 있어 파드가 재시작하지 않는 문제가 발생할 수 있습니다.

파드는 쿠버네티스에서 다루는 가장 작은 단위의 오브젝트이기 때문에 쪼개지지 않는 특성을 가지고 있습니다. 쪼개지지 않는다는 말은 다시 말해서 같은 파드에 속해 있는 컨테이너들은 모두 물리적으로 같은 노드에서 실행된다는 말

입니다. 그리고 하나의 파드에서 여러 개의 컨테이너를 실행할 경우 모든 컨테이너는 저장공간과 네트워크 인터페이스를 공유합니다. 이는 개발자들이 자신의 로컬 환경에서 여러 개의 애플리케이션을 실행할 때와 동일한 동작입니다.

같은 환경에서 실행되는 애플리케이션이 서로 통신하기 위해 어떤 주소를 호출하는지를 생각해 보면 파드 내부 컨테이너 사이의 통신은 생각보다 간단하게 해결할 수 있습니다.

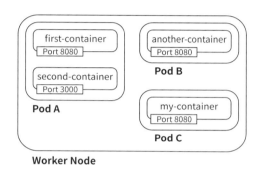

그림 5-1 같은 포트를 가진 컨테이너가 하나의 노드에서 여러 파드로 실행되는 모습

그림과 같이 파드가 배치된 경우 first-container는 localhost:3000의 주소를 이용하여 second-container를 호출할 수 있고, second-container는 localhost:8080의 주소를 이용하여 first-container를 호출할 수 있습니다.

이러한 호출 방식에서 추론할 수 있는 것처럼 하나의 파드에 포함된 각각의 컨테이너는 서로 다른 포트를 가지고 있어야 합니다. 이 역시 하나의 로컬 환경에서 같은 포트를 가지는 애플리케이션이 동시에 실행될 수 없는 것과 동일합니다.

하지만 반대로 그림과 같이 서로 다른 파드에 배치된 another-container와 my-container 컨테이너는 같은 포트를 가지고 있어도 됩니다. 각각의 파드가 가진 네트워크 공간은 서로 격리되어 있기 때문에 설령 하나의 워커 노드에서 다수의 파드가 실행되는 상황이더라도 각 파드 내에 있는 컨테이너가 모두 같은 포트를 사용할 수 있습니다.

5.2 파드와 파드 사이의 통신

파드 내부에서 컨테이너가 서로 통신하는 방식은 매우 간단하고 직관적이지만 실제로 사용할 일이 많지는 않습니다. 서로 통신이 필요한 애플리케이션들은 하나의 파드에 여러 컨테이너로 구성하기보다는 다른 파드로 분리하는 경우가 많기 때문입니다. 하지만 어떤 파드가 다른 파드와 상호작용할 때 몇 가지 어려움이 있습니다.

먼저 어떤 파드를 호출하기 위해 필요한 IP 주소와 포트 번호를 사전에 식별하기 어렵습니다. 애플리케이션을 개발할 때 네트워크를 통해 호출하고자 한다면 대상의 IP 주소와 포트 번호를 소스코드에 기재해야 합니다. 하지만 파드가 어떤 노드에 배치될지는 실행될 때 결정되기 때문에 파드의 IP 주소를 미리 알기 어렵습니다. 포트 번호 역시 파드가 실행될 때 노드가 임의로 배정해 주기 때문에 특정하기도 어렵습니다.

대부분의 경우 파드가 여러 개 실행되기 때문에, 그중 어떤 파드를 호출해야 할지 지정하기도 어렵습니다. 실제로 kubectl get pods 명령을 통해 파드를 조회해 보면 여러 개의 파드가 임의의 문자열로 구분되어 있는 것을 확인할 수 있습니다.

```
$ kubectl get pods
NAME                          READY   STATUS    RESTARTS   AGE
my-deploy-7f7d8485c4-66j5v    1/1     Running   0          10s
my-deploy-7f7d8485c4-ngvkx    1/1     Running   0          10s
my-deploy-7f7d8485c4-z2xvp    1/1     Running   0          10s
```

또한 쿠버네티스의 파드는 활성 프로브의 실패, 디플로이먼트의 스케일링, 노드의 업데이트 등 여러 가지 사유로 언제든지 중지되거나 재실행될 수 있습니다. 파드는 생성될 때마다 이름이 달라지기 때문에 애플리케이션의 소스코드에 대상이 되는 파드를 직접 기재하는 것은 매우 어렵습니다.

이러한 상황을 해결하기 위하여 쿠버네티스는 서비스(Service) 오브젝트를 제공합니다. 서비스는 같은 역할을 수행하는 여러 개의 파드를 네트워크 공간에 노출시켜 내부의 다른 파드 혹은 외부에서 호출할 수 있도록 해주는 오브젝트입니다. 파드가 다른 파드를 호출할 때는 파드와 연결된 서비스를 호출하는 방식을 사용합니다.

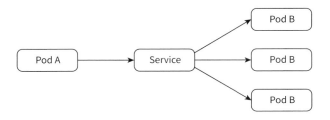

그림 5-2 파드가 서비스를 통해 다른 파드를 호출하는 방식

그림과 같이 Pod A는 서비스를 통해 Pod B를 호출합니다. Pod A의 요청은 서비스의 선택에 따라 3개의 Pod B 중 하나의 파드로 전달됩니다. 이렇게 서비스를 통해 특정한 파드를 호출 가능하도록 하기 위해서는 대상이 되는 파드를 식별할 수 있도록 서비스 오브젝트의 명세를 정의해야 합니다. 이렇게 정의한 명세를 클러스터에 적용하면 클러스터 내부에서 파드를 호출하기 위한 서비스를 생성할 수 있습니다.

코드 5-2 **chapter5/my-service.yaml**

```
apiVersion: v1
kind: Service
metadata:
  name: my-service
spec:
  selector:
    type: backend        ❶
  ports:
  - protocol: TCP
    port: 3000           ❷
    targetPort: 8080     ❸
```

❶ 클러스터 내에 배치된 파드 중 셀렉터가 type: backend인 파드를 서비스의 대상으로 포함합니다.

❷ 이 서비스가 3000번 포트로 클러스터에 노출합니다.

❸ 이 서비스를 대상 파드의 8080 포트에 연결합니다.

다음은 서비스가 셀렉터[1]를 통해 파드를 선택하는 방식을 보여 줍니다.

---

1 셀렉터란 쿠버네티스 클러스터 내에서 원하는 오브젝트를 식별하기 위해 부여하는 임의의 식별자입니다.

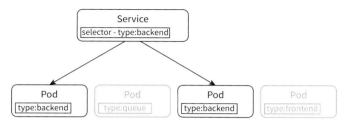

그림 5-3 서비스가 셀렉터를 통해 파드를 선택하는 방식

서비스 오브젝트를 정의할 때 셀렉터를 type: backend로 지정했으므로 그림과 같이 서비스는 클러스터 내에 존재하는 파드 중 동일한 셀렉터를 지닌 파드를 대상으로 지정합니다. 만약 클러스터에 type: backend의 셀렉터를 가진 파드가 새로 생성될 경우 서비스는 해당 파드 역시 대상으로 지정합니다.

서비스를 정의할 때는 '파드가 서비스를 선택하는 것이 아니라 서비스가 파드를 선택한다'는 점을 명심하기 바랍니다. 애플리케이션을 개발하면서 파드를 정의할 때 파드가 사용할 부수적인 오브젝트들도 같이 정의해야 한다고 생각하기 쉽습니다. 그래서 파드의 명세 어딘가에 서비스의 이름을 적어 줘야 한다고 생각할 수도 있습니다.

하지만 서비스는 클러스터에 존재하는 불특정 다수의 파드들 중 조건에 맞는 파드를 지속적으로 찾아내어 네트워크에 연결해 주는 동작을 반복하기 때문에 파드가 서비스를 지정하는 것이 아니라 서비스가 파드를 식별하도록 지정해 줘야 합니다. 따라서 파드의 명세에는 서비스에 대한 어떤 정의도 포함되지 않습니다.

이렇게 정의한 서비스는 다른 쿠버네티스 오브젝트들과 마찬가지로 kubectl apply 명령을 통해 적용 가능합니다.

```
$ kubectl apply -f my-service.yaml
service/my-service created
```

만들어진 서비스는 kubectl get 명령어를 통해 조회할 수 있습니다.

```
$ kubectl get services
NAME          TYPE        CLUSTER-IP       EXTERNAL-IP   PORT(S)    AGE
kubernetes    ClusterIP   10.96.0.1        <none>        443/TCP    1d
my-service    ClusterIP   10.100.57.183    <none>        3000/TCP   10s
```

그렇다면 개발하는 애플리케이션에서 다른 파드를 호출하려면 어떤 주소를 사용해야 할까요? 클러스터 내부에 있는 다른 파드는 그 파드를 선택하고 있는 서비스의 이름으로 호출하면 됩니다. 예를 들어서 my-service라는 이름을 가진 서비스를 호출하는 자바 코드는 다음과 같습니다.

```
WebClient client = WebClient.create("http://my-service:3000");
client.get().uri("/healthcheck/ping").retrieve();  ❶
```

> ❶ 여기서는 WebClient를 통한 HTTP 호출을 예로 들었지만, 서비스를 호출할 때는 어떤 HTTP Client라도 모두 사용할 수 있습니다.

이렇게 서비스를 호출하면 구체적으로 어떤 파드에 요청이 도착할까요? 결론부터 말하자면 어떤 파드에 도착하는지는 중요하지 않습니다. 대체로 서비스는 들어온 요청을 연결된 파드들에 균등하게 나누어 주려고 노력합니다. 분배할 때는 어떤 파드에도 가중치를 주지 않고 순서대로 요청을 하나씩 나누어 주는 라운드 로빈(round robin) 방식을 기본적으로 이용합니다.

하지만 요청을 분배하는 방식은 파드의 상태, 세션 선호도의 설정 등 다양한 상황의 영향을 받습니다. 결국 4개의 파드가 연결된 서비스를 4번 호출한다고 4개의 파드가 모두 한 번씩 호출되는 건 아닙니다. 그리고 중간에 새롭게 생성된 파드가 서비스에 합류할 수도 있고 일부 파드가 종료 절차에 들어가서 서비스에서 제외될 수도 있습니다.

쿠버네티스를 고려하여 애플리케이션을 개발할 때는 클러스터 내부의 어떤 파드를 여러 번 호출해야 할 때 각각의 요청이 서로 다른 파드에 도달하더라도 작업의 일관성에 문제가 없도록 개발해야 합니다. 이를 위해서는 애플리케이션이 상태 유지가 없는(stateless) 구조로 만드는 것이 좋습니다.

이러한 작업을 위해서는 파드에 들어온 요청과 응답이 애플리케이션의 상태, 즉 내부 볼륨에 저장한 파일이나 메모리에 기록해둔 데이터 등 파드 내부의 자원에 의존하지 않도록 개발해야 합니다.

/count로 GET 요청이 들어올 때마다 1씩 증가한 값을 반환해주는 애플리케이션을 만든다고 했을 때, 애플리케이션이 상태를 가지게 되어 작업의 일관성을 깨는 코드는 다음과 같습니다.

코드 5-3 **chapter5/BadController.java**

```
@RestController
class BadController {
  AtomicLong counter = new AtomicLong();              ❶

  @GetMapping("/count")
  public Long addCount() {
      Long count = counter.incrementAndGet();    ❷
      return count;
  }
}
```

❶ 컨트롤러의 멤버 변수로 카운트를 위한 AtomicLong 오브젝트를 생성합니다.

❷ /count 요청이 올 때마다 멤버 변수를 하나 더한 뒤 반환합니다.

counter 내부 메모리에 존재하는 오브젝트에 의존적인 API를 만들어 냈습니다. 만약 이 애플리케이션을 담은 파드 여러 개가 서비스에 연결된다면 API를 호출할 때마다 다른 결과가 나오는 문제가 발생할 수 있습니다. 이러한 문제를 해결하기 위해서 다음과 같이 레디스를 활용하는 코드로 변경할 수 있습니다.

코드 5-4 **chapter5/BadController-Fix.java**

```
@RestController
class BadController {

    RedisTemplate<String, Long> redisTemplate;

    public BadController(RedisTemplate<String, Long> redisTemplate) {
        this.redisTemplate = redisTemplate;    ❶
    }

    @GetMapping("/count")
    public Long addCount() {
        ValueOperations<String, Long> counter = redisTemplate.opsForValue();
        Long count = counter.increment("Counter");    ❷
        return count;
    }
}
```

❶ 프로젝트에 연결된 레디스에 접근하기 위하여 RedisTemplate 오브젝트를 주입받았습니다.

❷ /count 요청이 들어오면 레디스에서 카운트를 하나 증가시킨 뒤 그 값을 반환합니다.

이렇게 상태를 유지하지 않는 애플리케이션을 만들어서 쿠버네티스에 배포하면, 이 애플리케이션이 다수의 파드로 배치되어 서비스에 연결되더라도 언제나 일관성을 유지할 수 있게 됩니다.

마찬가지로 이 파드를 호출하는 애플리케이션의 입장에서도 파드에 연결된 서비스를 호출했을 때, 해당 요청이 어떤 파드로 분배되더라도 결과는 동일합니다. 따라서 서비스를 호출하는 것까지만 신경 쓰면 그 요청이 서비스의 어떤 파드에 도달하는지는 신경 쓸 필요가 없습니다.

> ☑ **디플로이먼트와 스케일링 다시 살펴보기**
>
> 서비스를 호출했을 때 일관성 있는 응답을 받으려면 파드가 요청을 처리할 수 있을 때 서비스에 연결되어야 하고, 서비스에서 분리될 때는 요청을 받지 않도록 보장해야 합니다. 다행히 2장과 3장에서 우리는 파드의 준비와 종료 시점을 정확히 파악하는 방법에 대해서 알아봤습니다. 쿠버네티스 서비스의 동작을 어느 정도 이해했다면 준비성 프로브와 우아한 종료 절차가 서비스의 일관성을 유지하는 데 어떤 도움을 주는지 생각하며 2장과 3장을 다시 한번 살펴보기 바랍니다.

5.3 클러스터 외부에서 파드를 호출하는 방법

클러스터 내부에서 파드와 파드가 서로 통신하는 상황은 자주 발생하지만, 필요에 따라서는 클러스터 외부에서 파드를 호출해야 하는 경우도 있습니다. 대표적으로 웹브라우저나 모바일 애플리케이션 등의 클라이언트가 쿠버네티스에 배포된 서버를 호출하는 경우를 들 수 있습니다.

기본적으로 클러스터에 생성한 파드와 서비스는 외부에 노출되지 않습니다. 클러스터 외부에서 파드를 호출하기 위해서는 외부에서 호출 가능한 타입의 서비스를 사용하거나 인그레스(Ingress)라는 쿠버네티스 오브젝트를 사용하는 방법을 쓸 수 있습니다. 여기에서는 NodePort 타입의 서비스를 사용하는 방법과 인그레스를 이용하는 방법에 대해 알아보겠습니다.

5.3.1 NodePort를 이용해 서비스 노출하기

별다른 타입 지정 없이 만든 서비스는 ClusterIP를 기본 타입으로 가집니다. ClusterIP 타입의 서비스는 IP 주소로 클러스터 내부 주소를 할당받습니다. 따라서 같은 클러스터에 있는 다른 파드들은 이 IP를 이용해 서비스를 호출할 수 있지만, 클러스터 외부에서는 서비스를 호출할 수 없습니다. 이를 확인하기 위해 서비스를 조회해 보겠습니다.

```
$ kubectl get services
NAME          TYPE        CLUSTER-IP       EXTERNAL-IP    PORT(S)     AGE
kubernetes    ClusterIP   10.96.0.1        <none>         443/TCP     1d
my-service    ClusterIP   10.104.198.61    <none>         3000/TCP    10m
```

my-service가 ClusterIP의 타입을 가지고 IP로 **10.104.198.61**을 할당받은 것을 알 수 있습니다. 이 IP는 서비스를 생성할 때마다 바뀔 수 있으나 내부 IP의 범위를 벗어나지는 않습니다. 확인을 위해서 3000번 포트를 호출해 보겠습니다.

```
$ curl localhost:3000/api/healthcheck
curl: (7) Failed to connect to localhost port 3000: Connection refused
```

ClutserIP 타입의 서비스는 외부에서 호출이 불가능하므로 오류가 났습니다. 이런 서비스를 클러스터 외부에 노출시키는 가장 쉬운 방법은 서비스 타입을 NodePort로 지정하는 것입니다. NodePort 타입은 서비스를 노드의 특정 포트에 매핑시켜서 외부로 노출해 줍니다.

코드 5-5 **chapter5/my-service-02.yaml**

```
apiVersion: v1
kind: Service
metadata:
  name: my-service
spec:
  type: NodePort     ❶
  selector:
    app: this-is-my-app
  ports:
  - protocol: TCP
    port: 3000
    targetPort: 8080
```

> ❶ 서비스의 타입을 NodePort로 지정해 주었습니다. 이 타입을 지정하지 않으면 쿠버네티스
> 는 ClusterIP 타입의 서비스를 기본값으로 생성합니다.

이후 다시 서비스를 조회해 보면 서비스의 타입이 바뀌고 포트가 매핑된 것을 확인할 수 있습니다.

```
$ kubectl get services
NAME          TYPE        CLUSTER-IP      EXTERNAL-IP    PORT(S)          AGE
kubernetes    ClusterIP   10.96.0.1       <none>         443/TCP          42d
my-service    NodePort    10.100.57.183   <none>         3000:32240/TCP   10m
```

클러스터 내부에 3000번 포트로 노출된 서비스가 다시 노드의 32240 포트로 매핑된 것을 확인할 수 있습니다. 클러스터가 로컬 환경에 설치되어 있다면 다음과 같이 서비스를 호출할 수 있습니다.

```
$ curl localhost:32240/api/healthcheck
OK
```

여기서 32240은 쿠버네티스가 임의로 정해준 포트로 서비스를 생성할 때마다 달라질 수 있습니다. 만약 노드 포트를 특정 포트로 고정하고 싶다면 서비스를 정의할 때 nodePort 속성을 정의해 주면 됩니다.

코드 5-6 **chapter5/my-service-03.yaml**

```
apiVersion: v1
kind: Service
metadata:
  name: my-service
spec:
  type: NodePort
  selector:
    app: this-is-my-app
  ports:
  - protocol: TCP
    port: 3000
    targetPort: 8080
    nodePort: 32000   ❶
```

> ❶ 이 서비스를 노드의 32000번 포트로 외부에 노출시킵니다.

노드 포트로 사용할 수 있는 포트는 쿠버네티스의 기본 설정에서 30000~

32767의 값을 가져야 합니다. 따라서 하나의 쿠버네티스 클러스터는 최대 2,768개의 서비스를 노드 포트 형태로 노출할 수 있습니다.

별도로 nodePort 설정을 해 주지 않는다면 쿠버네티스는 사용하지 않는 포트 중 하나를 임의로 지정하여 서비스를 노출해 줍니다. 반면에 사용자가 직접 nodePort를 지정한다면 포트의 중복이 발생하지 않도록 관리도 직접 해줘야 합니다.

만약 같은 포트를 사용하는 서비스를 노출하려고 시도한다면 다음과 같이 오류가 발생합니다.

```
$ kubectl apply -f my-service2.yaml
The Service "my-service2" is invalid: spec.ports[0].nodePort: Invalid
    value: 32000: provided port is already allocated
```

노드 포트 타입의 서비스는 파드를 외부로 노출하는 가장 간단한 방법이지만 운영 환경에서 사용하기에는 어려운 점이 몇 가지 있습니다. 먼저 클러스터가 최대 2,768개의 서비스를 노출할 수 있다는 제한이 있습니다. 이 제한이 처음 에는 대수롭지 않아 보일 수 있지만 스케일이 계속 커지는 운영 환경에서는 문제가 될 수 있습니다.

만약 직접 nodePort를 지정해서 사용한다면 포트 중복이 발생하지 않도록 별도로 관리해야 하며, 쿠버네티스가 포트 번호를 배정해 주도록 한다면 서비스가 만들어질 때마다 호출 주소를 갱신해 줘야 하는 어려움이 생깁니다. 이러한 문제를 해결하기 위해서 클러스터에 공인 IP 혹은 로드밸런서, 도메인 주소 등을 배정해서 사용하는 방법을 생각해 볼 수도 있습니다. 또는 쿠버네티스에서 제공해 주는 LoadBalancer 타입의 서비스를 이용하여 로드밸런서를 서비스에 직접 연결하는 방법도 있습니다.

> ☑ **로드밸런서를 이용해 서비스를 노출하기**
>
> 서비스 타입을 LoadBalancer로 지정하면 서비스를 클라우드 서비스에서 제공하는 로드밸런서와 연결할 수 있습니다. 이는 클러스터를 AWS의 Elastic Kubernetes Service, GCP의 Google Kubernetes Engine, Azure의 Azure Kubernetes Service 등 클라우드 서비스에서

제공하는 관리형 쿠버네티스 서비스로 구성하여 사용할 때 주로 사용하는 옵션입니다. 예를 들어서 다음과 같은 서비스를 정의할 수 있습니다.

코드 5-7 **chapter5/my-service-04.yaml**

```
apiVersion: v1
kind: Service
metadata:
  name: my-service
spec:
  type: LoadBalancer
  selector:
    app: this-is-my-app
  ports:
    - protocol: TCP
    port: 3000
    targetPort: 8080
```

이렇게 지정한 서비스를 적용하면, 클라우드 서비스는 로드 밸런서를 생성한 뒤 해당 서비스에 매핑합니다. 외부에서 로드 밸런서를 통해 서비스에 접근할 수 있게 해 주며, 필요한 경우 로드 밸런서에 공인 IP 혹은 도메인 주소 등을 배정하여 서비스 접근 경로를 고정시켜 줄 수도 있습니다.

5.3.2 인그레스를 이용해 서비스 노출하기

쿠버네티스에서 파드를 외부에 노출하는 또 다른 방법은 인그레스(Ingress)를 이용하는 것입니다. 인그레스는 서비스에 포함되지 않는 독립적인 오브젝트 이지만 클러스터 외부에서 오는 트래픽을 규칙에 따라 분류하여 서비스에 연결해 주는 역할을 합니다. 예를 들어서 요청의 경로(path) 혹은 호스트(host)에 따라 서로 다른 서비스로 트래픽을 전달해 줘야 할 때 인그레스가 유용하게 사용될 수 있습니다.

예를 들어서 외부에서 들어오는 요청의 경로가 /users로 시작할 때는 Service A에, /products로 시작할 때는 Service B에, /carts로 시작할 때는 Service C로 요청을 전달하고자 한다면 그림과 같이 인그레스를 구성할 수 있습니다.

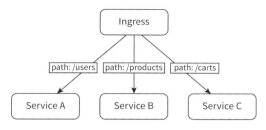

그림 5-4 인그레스를 통한 경로 기반 요청 분배

이러한 구성은 쿠버네티스를 사용하지 않을 때는 주로 클라우드 서비스의 로드 밸런서 혹은 Apache Httpd나 Nginx와 같은 웹 서버를 통해서 설정했습니다. 실제로 인그레스도 트래픽을 제어하기 위해서 로드 밸런서 혹은 웹 서버를 인그레스 컨트롤러(Ingress Controller)로 사용합니다. 개발자들이 인그레스 오브젝트를 생성하여 어떤 규칙으로 트래픽을 제어할지 정의하여 주면, 쿠버네티스는 인그레스 컨트롤러가 규칙에 맞게 동작하도록 제어합니다.

☑ 인그레스 컨트롤러의 설치

클러스터에 인그레스 컨트롤러가 설치되어 있지 않을 경우 인그레스를 정의해도 정상 동작하지 않습니다. 인그레스 컨트롤러는 AWS, GCP 등의 클라우드 서비스에서 제공해 주는 로드 밸런서와 연계되어 동작할 수도 있으며 nginx와 같은 소프트웨어를 통해 구성할 수도 있습니다. 일반적으로는 클러스터를 구성하는 시점에 환경에 맞게 인그레스 컨트롤러를 미리 설치해 둡니다. 하지만 클러스터를 새로 구성하거나 Docker Desktop, Minikube 등의 로컬 환경용 쿠버네티스 클러스터를 사용하는 경우 인그레스 컨트롤러가 설치되어 있지 않을 수 있습니다.

인그레스 컨트롤러는 다양한 형태로 설치할 수 있기 때문에 설치 여부를 확인하는 방법이 명확히 고정되어 있지는 않습니다. 일반적으로는 쿠버네티스의 모든 네임스페이스에 설치된 오브젝트들 중 ingress라는 이름을 가진 오브젝트를 찾아보는 방식을 많이 사용합니다.

```
$ kubectl get all --all-namespaces | grep ingress
(설치된 인그레스 컨트롤러가 없는 경우 아무것도 나오지 않습니다)
```

설치된 인그레스 컨트롤러가 없다면 새로운 인그레스 컨트롤러를 설치할 수 있습니다. 일반적인 환경에서는 nginx 기반의 인그레스 컨트롤러를 많이 사용합니다. 클러스터에 맞는 인그레스 컨트롤러의 설치 방법은 *https://kubernetes.io/docs/concepts/services-networking/ingress-controllers/*에서 확인할 수 있습니다.

인그레스는 다음과 같이 정의할 수 있습니다.

코드 5-8 **my-ingress.yaml**

```
apiVersion: networking.k8s.io/v1
kind: Ingress
metadata:
  name: my-ingress              ❶
spec:
  ingressClassName: nginx       ❷
  rules:
  - host: "myapp.mydomain.com"  ❸
    http:
      paths:
      - path: /                 ❹
        pathType: Prefix        ❺
        backend:
          service:
            name: my-service    ❻
            port:
              number: 3000      ❼
```

❶ 생성할 인그레스의 이름을 my-ingress로 정의합니다.

❷ 인그레스 컨트롤러로 nginx를 사용합니다. 다른 컨트롤러를 사용한다면 해당 클래스를 명시해 주면 됩니다.

❸ 인그레스로 들어오는 요청 중 헤더에 myapp.mydomain.com이라는 호스트를 가진 요청을 service 속성에 명시한 서비스로 전달합니다.

❹ 루트 경로로 들어오는 요청을 모두 아래 서비스로 전달합니다.

❺ path에서 명시한 경로 및 그 하위 경로를 모두 서비스로 전달합니다. 타입을 Exact로 지정하면 하위 경로를 제외하고 명시한 경로의 요청만 전달합니다.

❻ 규칙에 맞는 요청을 my-service 서비스로 전달합니다.

❼ 요청을 서비스의 3000번 포트로 전달합니다.

이 인그레스 오브젝트는 myapp.mydomain.com으로 들어온 요청을 my-service로 포워딩합니다. 해당 오브젝트를 적용해 보겠습니다.

```
$ kubectl apply -f my-ingress.yaml
ingress.networking.k8s.io/my-ingress created
$ kubectl get ingress
NAME          CLASS    HOSTS               ADDRESS     PORTS   AGE
my-ingress    nginx    myapp.mydomain.com  localhost   80      10s
```

이제 인그레스를 통해 클러스터 외부에서 내부의 서비스를 호출할 수 있습니다.

```
$ curl localhost/api/healthcheck -H "Host: myapp.mydomain.com"   ❶
OK
```

> ❶ 요청을 테스트하기 위해서 헤더에 임의의 Host 값을 지정해 주었습니다.

인그레스는 호스트가 정확히 일치하는 요청을 해당 서비스로 전송해 줍니다. 예를 들어서 다음과 같이 어떤 인그레스 규칙과도 일치하지 않는 요청이 들어온다면 인그레스는 404 페이지를 응답으로 보내거나 default-http-backend 에 정의된 기본 경로를 통해 인그레스 컨트롤러에 별도의 요청을 전송할 것입니다.

```
$ curl localhost/api/healthcheck -H "Host: api.myapp.mydomain.com"
<html>
<head><title>404 Not Found</title></head>
<body>
<center><h1>404 Not Found</h1></center>
<hr><center>nginx</center>
</body>
</html>
```

경우에 따라서는 인그레스에 특정 도메인 아래의 모든 서브 도메인으로 들어오는 요청을 하나의 서비스로 포워딩하고 싶을 수 있습니다. 이럴 때는 호스트명에 와일드카드를 사용할 수 있습니다.

코드 5-9 **my-ingress-02.yaml**

```
apiVersion: networking.k8s.io/v1
kind: Ingress
metadata:
  name: my-ingress
spec:
```

```
      ingressClassName: nginx
      rules:
      - host: "*.myapp.mydomain.com"
        http:
          paths:
          - pathType: Prefix
            path: /
            backend:
              service:
                name: my-service
                port:
                  number: 3000
```

이제 지정한 호스트의 서브 도메인으로 들어오는 요청들도 모두 같은 서비스로 연결할 수 있습니다.

```
$ curl localhost/api/healthcheck -H "Host: api.myapp.mydomain.com"
OK
$ curl localhost/api/healthcheck -H "Host: test.myapp.mydomain.com"
OK
```

> ☑ **와일드카드를 이용한 호스트의 구분 시 주의사항**
>
> 기본적인 구성에서 와일드카드를 이용하여 호스트를 구분하면 단 하나의 서브 도메인만 와일드카드의 대상에 포함시킵니다. 예를 들어서 인그레스에서 호스트를 *.my-domain.com 으로 지정하면 api.my-domain.com의 호스트를 가진 요청은 대상이 되지만, test.api.my-domain.com은 대상이 되지 않습니다. 또, 서브 도메인이 없는 경우도 대상이 되지 않습니다. 예를 들어서 my-domain.com을 호스트로 가지는 요청은 처리 대상이 되지 않습니다.

호스트를 통해 요청을 구분하여 서로 다른 서비스에 전달하는 방법은 쿠버네티스를 사용하는 환경이 도메인과 연결되어 있을 때 매우 유용하게 사용됩니다. 또, 인그레스를 이용하면 호스트가 아닌 경로로도 요청을 구분할 수 있습니다.

코드 5-10 **my-ingress-03.yaml**

```
apiVersion: networking.k8s.io/v1
kind: Ingress
```

```
metadata:
  name: my-ingress
spec:
  ingressClassName: nginx
  rules:
  - http:
      paths:
      - pathType: Prefix
        path: /users      ❶
        backend:
          service:
            name: user-service
            port:
              number: 3000
      - pathType: Exact
        path: /products   ❷
        backend:
          service:
            name: product-service
            port:
              number: 8080
```

❶ /users 및 그 하위 경로로 오는 요청을 모두 user-service의 3000번 포트로 전달합니다.

❷ /products 경로로 오는 요청을 모두 product-service의 8080번 포트로 전달합니다.

인그레스를 이와 같이 지정하면 /users로 오는 요청은 모두 user-service로, /products로 오는 요청은 모두 product-service로 전달합니다. 이에 대한 정보는 인그레스 정보를 조회해서 확인할 수 있습니다.

```
$ kubectl describe ingress my-ingress
Name:              my-ingress
Labels:            <none>
Namespace:         default
Address:           localhost
Default backend:   default-http-backend:80
Rules:
  Host        Path        Backends
  ----        ----        --------
  *
              /users      user-service:3000
              /products   product-service:8080
```

이제 애플리케이션을 클러스터 외부에서 규칙에 따라 접근할 수 있게 되었습니다. 인그레스를 이용해 외부 요청을 처리하면 NodePort나 LoadBalancer와 같이 서비스를 사용하는 방식과 달리, 경로나 호스트를 기반으로 HTTP 요청을 세밀하게 제어할 수 있습니다.

하지만 많은 경우 이 방법들은 서로 보완적으로 사용되기 때문에 애플리케이션이 사용하는 프로토콜, 서비스 아키텍처, 클라우드 서비스의 기능 등을 고려하여 적절한 방식을 선택하는 것이 좋습니다. 예를 들어서 애플리케이션이 마이크로 서비스로 구성되어 있으며, 쿠버네티스에 대부분의 자원이 포함되어 있고, 대부분의 요청이 HTTP로 이루어진다면 네트워크 영역의 추상화 수준을 높이기 위해 인그레스를 사용하는 선택이 적절할 수 있습니다.

6장

쿠버네티스의 저장소 활용하기

애플리케이션을 개발하다 보면 파일을 다룰 일이 많이 생깁니다. 사용자에게 다운로드 기능을 제공하기 위해서 임시로 파일을 저장해야 할 때도 있고, 애플리케이션의 설정이나 로그를 읽거나 저장하기도 합니다. 이러한 파일 입출력은 프로그래밍 언어 활용의 기초에 해당하는 기술이기 때문에 많은 개발자에게 익숙합니다. 하지만 컨테이너를 개발에 활용하기 시작하면서 많은 개발자가 파일을 다루는 것에 다시 혼란을 겪기 시작했습니다.

물론 컨테이너를 이용하여 애플리케이션을 개발하더라도 개발자들에게 익숙한 방법을 사용하여 파일을 저장하거나, 저장된 파일을 읽어올 수 있습니다. 하지만 이렇게 저장하면 어느 순간에 파일이 모두 사라져 버립니다.

컨테이너 위에서 돌아가는 애플리케이션은 컨테이너 내부에 격리된 저장공간을 사용합니다. 이 공간은 컨테이너가 종료될 때 같이 삭제되기 때문에 라이프사이클이 컨테이너와 동일합니다. 하지만 많은 개발자는 파일을 저장할 때 그 파일이 영속성(persistence)[1]을 가질 것을 기대합니다. 저장한 파일이 프로세스의 종료와 함께 사라지는 컨테이너의 특성 때문에 많은 개발자가 컨테이너 위에서 파일을 다루기 어려워 했습니다. 일부 개발자는 컨테이너 환경으로의 전환을 포기하기도 했습니다.

---

1 영속성이란 그 파일을 생성한 프로세스의 라이프사이클과 상관없이 파일이 명시적인 삭제 이전까지 영원히 유지되는 성질을 말합니다.

이러한 문제를 해결하기 위해서 도커를 사용할 때는 컨테이너 내부의 저장소를 호스트의 저장공간과 논리적으로 연결하여 파일의 영속성을 확보하는 방법을 사용하였습니다. 하지만 쿠버네티스를 사용하기 시작하면서 저장소와 관련한 고민은 조금 더 복잡해졌습니다.

여러 워커 노드 중 하나의 노드에서 실행되었다가, 어떠한 이유로 종료되고 다른 노드에서 실행되기도 하는 파드의 특성상 파드 내부의 저장공간을 노드의 저장공간과 연결하는 것만으로는 영속성을 확보하기 어려웠던 것입니다.

이러한 어려움을 해결하기 위하여 쿠버네티스는 저장소와 관련한 다양한 옵션을 제공하고 있습니다. 이번 장에서는 쿠버네티스에서 저장소를 활용하는 몇 가지 방법에 대해 알아보겠습니다.

6.1 파드에 임시 저장공간 확보하기

상황에 따라서 어떤 파일들은 아주 잠시 동안만 유지되어도 괜찮을 때가 있습니다. 애플리케이션이 데이터베이스에서 조회한 데이터에 대해 다운로드 기능을 제공하고자 하는 경우가 대표적입니다. 이때 애플리케이션은 임시 저장공간에 파일을 생성한 뒤 사용자에게 전달합니다. 파일 다운로드가 끝난 뒤에는 해당 파일을 더 이상 쓰지 않기 때문에 일반적으로 삭제합니다.

이런 용도로 저장되는 파일의 생명주기는 파드보다 짧아도 상관없습니다. 이렇게 파드보다 짧은 생명주기를 가지는 파일을 저장할 때 사용하는 저장소가 emptyDir입니다. emptyDir은 파드가 생성될 때 같이 생성되는 비어 있는 저장공간이며, 파드가 종료될 때 같이 사라집니다. 이러한 특성 덕분에 emptyDir은 임시 파일을 저장하는 저장소로 많이 사용됩니다.

이러한 저장소를 파드에 추가해서 애플리케이션이 사용할 수 있도록 하려면 다음과 같이 파드의 명세를 정의하면 됩니다.

코드 6-1 **chapter6/my-pod.yaml**

```
apiVersion: v1
kind: Pod
metadata:
  name: my-pod
```

```
spec:
  volumes:
  - name: temp-volume          ❶
    emptyDir: {}
  containers:
  - name: first-container
    image: my-app:1.0.0
    volumeMounts:
    - mountPath: /temp          ❷
      name: temp-volume
  - name: second-container
    image: another-app:1.0.0
    volumeMounts:
    - mountPath: /storages/files   ❸
      name: temp-volume
```

❶ temp-volume이라는 이름을 가진 볼륨을 파드 내부 임시 저장소인 emptyDir로 정의합
니다. 볼륨은 파드 내부의 컨테이너가 사용할 수 있는 저장공간입니다. emptyDir을 일반
적인 디스크의 임시 저장소로 사용하는 경우 별다른 옵션을 지정하지 않고 빈 중괄호를
명시합니다. 만약 램 디스크를 임시 저장소로 활용하여 속도를 높이고 싶다면 medium:
Memory와 같은 형태로 옵션을 지정할 수 있습니다.

❷ 아래 temp-volume으로 정의된 저장공간을 first-container 컨테이너의 /temp 경로에
연결합니다.

❸ temp-volume을 second-container의 /storages/files 경로에 연결합니다.

그림 6-1은 emptyDir을 이용한 파드 내부 임시 저장공간을 공유하는 모습을 나
타냅니다.

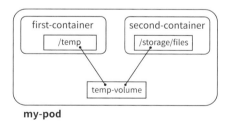

my-pod

그림 6-1 emptyDir을 이용한 파드 내부 임시 저장공간 공유

first-container의 /temp 디렉터리와 second-container의 /storages/files 디
렉터리는 실제로 같은 저장공간에 연결되어 있습니다. 이러한 구성을 위해서

파드는 `emptyDir` 형태의 볼륨을 정의하고, 컨테이너는 볼륨 마운트를 명시하여 해당 볼륨을 컨테이너와 연결합니다.

해당 저장공간이 물리적으로 워커 노드 내부에 있긴 합니다. 하지만 논리적으로는 해당 파드에서만 접근 가능하기 때문에 파드 내부의 저장공간이며 그 파드에 속한 컨테이너만 접근 가능한 공간이라고 이해해도 괜찮습니다.

`emptyDir`은 파일 다운로드 혹은 업로드와 같이 파일을 임시로 저장하는 공간이 필요할 때 많이 사용됩니다. 다만 디플로이먼트 등을 이용하여 파드를 동시에 여러 개 실행한 경우에는 주의해야 합니다. `emptyDir`로 정의한 저장공간이 공유되는 범위는 하나의 파드 내부에 한정되며 서로 다른 파드가 저장공간을 공유하지 않습니다. 따라서 `emptyDir`로 정의한 저장공간을 사용할 때는 하나의 파드 내부에서 일회성으로 처리 가능한 요청에 한하여 사용하는 것이 좋습니다.

예를 들어서 HTTP를 이용해 받은 업로드 요청을 `emptyDir`을 이용해 처리했다면, 그다음 요청에서는 해당 저장공간에 파일이 존재할 것이 보장되지 않는다고 생각해야 합니다. 그다음 요청이 다른 파드로 향한다면, 그 파드 내부의 저장공간에는 업로드한 파일이 존재하지 않기 때문입니다.

`emptyDir`이 유용한 또 다른 경우는 같은 파드 내에 존재하는 컨테이너가 서로 파일을 이용하여 데이터를 주고받을 때입니다. 예를 들면 어떤 컨테이너가 기록하는 로그를 읽어서 분석하고 전송하는 별도의 로그 수집 컨테이너를 사용하는 경우가 있습니다. 이러한 로그 수집 패턴은 다음 장에서 더 자세히 알아보겠습니다.

6.2 노드의 저장공간을 파드에서 활용하기

임시 저장소를 사용하여 문제를 해결하지 못하는 경우도 많습니다. 예를 들어서 어떤 파드에서 저장한 파일이 파드를 재시작한 뒤에도 남아 있기 기대한다고 가정해 보겠습니다.

컨테이너를 통해 실행되는 애플리케이션이 저장하는 파일에 영속성을 주는 가장 직관적인 방법은 파일을 컨테이너 내부가 아닌 컨테이너가 실행되는 호스트, 즉 워커 노드에 저장하는 것입니다. 이를 `hostPath` 방식이라고 합니다.

hostPath 방식의 볼륨을 사용하면 애플리케이션이 저장하는 파일은 워커 노드의 특정 디렉터리에 저장되며, 파드가 종료되더라도 파일은 사라지지 않습니다. 이렇게 hostPath 방식으로 볼륨을 지정하려면 다음과 같이 정의해야 합니다.

코드 6-2 **chapter6/my-pod-02.yaml**

```
...
  containers:
  - name: my-container
    image: my-app:1.0.0
    volumeMounts:
    - mountPath: /hosts/path
      name: host-volume      ❶
  volumes:
  - name: host-volume        ❷
    hostPath:
      path: /var/myapp/path    ❸
      type: DirectoryOrCreate  ❹
```

❶ host-volume이라는 이름으로 정의한 볼륨을 컨테이너에 연결합니다.

❷ hostPath 방식의 볼륨을 host-volume이라는 이름으로 정의합니다.

❸ 볼륨이 저장하는 파일들이 워커 노드의 /var/myapp/path 디렉터리에 놓이도록 정의합니다.

❹ 워커 노드에 /var/myapp/path 디렉터리가 없다면 새로 생성합니다. Directory로 지정할 경우 디렉터리가 없어도 새로 생성하지 않습니다.

다음 그림은 hostPath 방식으로 만든 볼륨을 컨테이너에 연결한 상태를 나타냅니다.

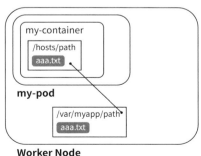

그림 6-1 hostPath를 이용한 노드 저장소 사용

그림과 같이 파드 내의 /hosts/path 디렉터리는 파드가 실행된 워커 노드의 /var/myapp/path 디렉터리와 위치가 동일합니다. 만약 애플리케이션이 /host 에 aaa.txt 파일을 저장한다면 노드의 /var/myapp/path 디렉터리에도 aaa.txt 파일이 생성됩니다. 이렇게 워커 노드에 저장된 파일과 디렉터리는 파드가 종료되어도 삭제되지 않고 그대로 유지됩니다.

hostPath 방식의 볼륨을 사용할 때는 조심해야 할 점이 몇 가지 있습니다. hostPath로 노드의 루트 혹은 시스템 파일이 존재하는 경로를 지정하면 애플리케이션이 노드의 동작에 영향을 주거나 보안상 노출되면 안 되는 정보가 노출될 수도 있습니다. 따라서 볼륨에 지정된 호스트의 경로는 가급적 시스템의 동작에 영향을 주지 않는 독립적인 공간을 지정해야 합니다.

여러 개의 노드가 존재하는 경우에도 문제가 발생할 수 있습니다. hostPath 는 해당 파드가 실행되는 노드와 파드의 디렉터리를 서로 연결해 줍니다. 따라서 파드가 종료되었다 다시 실행되는 경우 파드가 다른 노드에서 실행되어 디렉터리의 내용이 사라지거나 달라질 수 있습니다. 이렇게 되면 컨테이너가 저장한 파일이 의도와 달리 영속성을 획득하지 못할 수도 있습니다.

이러한 hostPath의 동작 때문에 hostPath를 이용하여 파일의 영속성을 확보하는 방식은 직관적이기는 하지만 실제로 많이 쓰이지 않습니다. 만약 하나의 노드에서 쿠버네티스 클러스터를 운용하거나 파드가 실행되는 노드를 특정 노드로 제한한 경우 hostPath는 유용하게 쓰일 수 있습니다.

또는 모든 노드에 존재하는 특정한 파일을 컨테이너에서 참조하고자 하는 경우에도 hostPath를 사용할 수 있습니다. 예를 들어서 인증서나 암호화 키와 같은 특수한 목적의 파일을 모든 노드에 복사해 두고 컨테이너에서 읽기 전용 권한으로 해당 파일들을 참조하여 안전하게 활용할 수 있습니다. 하지만 많은 경우 이런 목적으로는 시크릿을 사용하는 것이 훨씬 유용합니다.

6.3 퍼시스턴트 볼륨을 이용한 정적 저장공간 할당

쿠버네티스에서 영속성을 가진 저장공간을 확보하기 위하여 가장 많이 사용하는 방식은 퍼시스턴트 볼륨(Persistent Volume)을 사용하는 것입니다. 퍼시스턴트 볼륨은 파드가 필요한 볼륨을 요청하여 사용할 수 있도록 클러스터가 제공하는 저장공간입니다.

쿠버네티스 클러스터에는 다양한 타입의 저장공간이 연결될 수 있습니다. 예를 들어서 네트워크로 연결된 파일 시스템인 NFS 드라이브가 연결될 수도 있으며, 클라우드 서비스에서 제공하는 블록 스토리지(block storage)가 연결될 수도 있습니다.

쿠버네티스 관리자는 이렇게 연결된 저장공간을 임의의 크기를 가진 퍼시스턴트 볼륨으로 분할하여 사용할 수 있도록 제공할 수 있습니다. 퍼시스턴트 볼륨을 생성하려면 다음과 같이 퍼시스턴트 볼륨을 정의하여 생성합니다.

코드 6-3 **chapter6/my-pv.yaml**

```
apiVersion: v1
kind: PersistentVolume
metadata:
  name: my-pv001
spec:
  capacity:
    storage: 10Gi          ❶
  storageClassName: my-storage  ❷
  volumeMode: Filesystem   ❸
  accessModes:
  - ReadWriteOnce          ❹
  persistentVolumeReclaimPolicy: Delete  ❺
  hostPath:
    path: /pv-test/pv001   ❻
```

❶ 10기가바이트의 저장공간을 정의합니다.

❷ 이 퍼시스턴트 볼륨의 클래스 명을 my-storage로 정의합니다.

❸ 이 퍼시스턴트 볼륨이 마운트될 때 컨테이너의 파일 시스템 일부로 인식되도록 정의합니다. 이는 퍼시스턴트 볼륨이 컨테이너 내부의 디렉터리로 인식된다는 말입니다. 만약 볼륨 모드를 block으로 지정할 경우 이 볼륨은 컨테이너 내부에 원시 블록 볼륨(Raw Block Volume)으로 연결되어 컨테이너가 직접 파일 시스템을 할당하여 사용할 수 있습니다.

❹ 해당 볼륨에 다수의 노드에서 접근 가능할지를 정의해 줍니다. ReadWriteOnce는 하나의 노드에 위치한 파드만 해당 볼륨에 읽고 쓰기가 가능하다는 말입니다. ReadOnlyMany로 지정할 경우 다수의 노드에서 해당 볼륨에 대해 읽기 동작을 수행할 수 있으며, ReadWriteMany로 지정하면 여러 노드에서 해당 볼륨에 읽고 쓰기가 모두 가능합니다. 이러한

접근 모드 설정은 퍼시스턴트 볼륨으로 어떤 저장소를 사용하냐에 따라 제약이 있을 수 있습니다. 예를 들어서 hostPath 방식의 퍼시스턴트 볼륨은 ReadWriteOnce 모드만 사용할 수 있으며, NFS 방식의 퍼시스턴트 볼륨은 세 가지 모드를 모두 사용할 수 있습니다.

❺ 해당 볼륨의 사용이 끝났을 때 볼륨에 저장된 파일들을 처리하는 정책을 정의합니다. 볼륨을 삭제하는 Delete와 내용을 남겨두는 Retain 정책이 있습니다. 이에 대해서는 이 절의 뒷부분에서 자세히 알아보겠습니다.

❻ 퍼시스턴트 볼륨을 hostPath로 정의하여 노드의 /pv-test/pv001 디렉터리와 연결합니다. 퍼시스턴트 볼륨은 클라우드 서비스의 블록 스토리지, 네트워크 파일 시스템, GlusterFS 등 다양한 저장소를 사용할 수 있습니다.

퍼시스턴트 볼륨은 정적으로 제공되는 저장공간입니다. 다시 말해서 퍼시스턴트 볼륨은 파드가 생성되기 이전에 미리 준비되어야 하며, 파드는 이미 생성된 퍼시스턴트 볼륨을 마운트해 사용하게 됩니다. 따라서 퍼시스턴트 볼륨은 개발자들이 파드를 정의하여 볼륨을 요청하기 이전에 다음과 같이 kubectl apply 명령어를 이용해 미리 생성해 줘야 합니다.

```
$ kubectl apply -f my-pv.yaml
persistentvolume/my-pv001 created
$ kubectl get pv
NAME       CAPACITY  ACCESS MODES  RECLAIM POLICY  STATUS     CLAIM  STORAGECLASS  REASON  AGE
my-pv001   10Gi      RWO           Recycle         Available         my-storage            10s
```

생성한 퍼시스턴트 볼륨을 파드에서 바로 마운트할 수 있다면 편하겠지만 아쉽게도 그것은 불가능합니다. 퍼시스턴트 볼륨은 쿠버네티스 클러스터 전체에 제공되는 추상화된 저장공간입니다. 이는 퍼시스턴트 볼륨 그 자체가 중요한 게 아니라 퍼시스턴트 볼륨이 제공하는 저장공간의 크기, 상태, 스토리지 클래스 등의 추상화된 속성들이 중요함을 의미합니다.

따라서 파드가 퍼시스턴트 볼륨을 마운트하여 사용하기 위해서는 my-pv001이라는 퍼시스턴트 볼륨을 직접 지정하는 것이 아니라 파드에 필요한 저장공간의 속성을 정의하여 요청할 수 있습니다. 예를 들어 파드는 '5기비바이트 이상의 저장공간을 가지고 있으며 하나의 노드에서만 읽고 쓸 수 있고 스토리지 클래스가 my-storage인 조건을 만족하는 퍼시스턴트 볼륨 중 적당한 것'을 자신에게 할당해 달라고 쿠버네티스에 요청할 수 있습니다. 이러한 요청을 퍼시스턴트 볼륨 클레임(Persistence Volume Claim)이라고 합니다. 예로 들은 조건은 다음과 같이 명시적으로 정의할 수 있습니다.

코드 6-4 **chapter6/my-pvc.yaml**

```
apiVersion: v1
kind: PersistentVolumeClaim
metadata:
  name: my-pv-claim-01
spec:  ❶
  storageClassName: my-storage
  accessModes:
  - ReadWriteOnce
  resources:
    requests:
      storage: 5Gi  ❷
```

❶ 사용자가 원하는 퍼시스턴트 볼륨의 명세를 정의합니다. 이 명세는 퍼시스턴트 볼륨에서 정의한 것과 동일한 의미를 가집니다.

❷ 실제로 사용할 저장공간의 크기를 명시합니다. 여기에서 사용한 단위는 기비바이트(GiB)입니다.

이 클레임을 kubectl apply 명령을 이용하여 생성하면 다음과 같이 조건에 맞는 퍼시스턴트 볼륨이 요청에 맞게 할당된 것을 확인할 수 있습니다.

```
$ kubectl apply -f my-pvc.yaml
persistentvolumeclaim/my-pv-claim-01 created
$ kubectl get pvc
NAME             STATUS  VOLUME    CAPACITY  ACCESS MODES  STORAGECLASS  AGE
my-pv-claim-01   Bound   my-pv001  10Gi      RWO           my-storage    10s
$ kubectl get pv
NAME      CAPACITY  ACCESS MODES  RECLAIM POLICY  STATUS  CLAIM                     STORAGECLASS  REASON  AGE
my-pv001  10Gi      RWO           Delete          Bound   default/my-pv-claim-02    my-storage            20s
```

퍼시스턴트 볼륨 클레임은 가장 적합한 퍼시스턴트 볼륨을 찾아서 할당합니다. 이때 퍼시스턴트 볼륨과 퍼시스턴트 볼륨 클레임은 서로 바운드(bound)[2]된 상태가 되며, 퍼시스턴트 볼륨 클레임에 바운드된 퍼시스턴트 볼륨은 다른 퍼시스턴트 볼륨 클레임에 동시에 바운드될 수 없습니다. 예를 들어 10기비바

---

2 바운드 상태란 퍼시스턴트 볼륨이 파드에 할당되어 사용 가능한 상태를 의미합니다.

이트의 퍼시스턴트 볼륨을, 5GiB를 요청한 퍼시스턴트 볼륨 클레임 2개에 나누어서 할당할 수 없습니다. 조건에 맞는 퍼시스턴트 볼륨이 없다면 퍼시스턴트 볼륨 클레임은 Pending 상태에 머무르며 적당한 퍼시스턴트 볼륨이 나타날 때까지 기다립니다. 예를 들어 다음과 같은 퍼시스턴트 볼륨 클레임을 하나 더 작성해 보겠습니다.

코드 6-5 **chapter6/my-pvc-02.yaml**

```
apiVersion: v1
kind: PersistentVolumeClaim
metadata:
  name: my-pv-claim-02
spec:
  storageClassName: my-storage
  accessModes:
  - ReadWriteOnce
  resources:
    requests:
      storage: 4Gi
```

코드 6-3에서 정의한 10GiB 크기의 퍼시스턴트 볼륨은 my-pv-claim-01 퍼시스턴트 볼륨 클레임에 이미 할당된 상태이기 때문에 my-pv-claim-02 퍼시스턴트 볼륨 클레임에 적당한 퍼시스턴트 볼륨을 찾지 못하고 대기 상태에 들어갑니다.

```
$ kubectl get pvc
NAME              STATUS   VOLUME    CAPACITY   ACCESS MODES   STORAGECLASS   AGE
my-pv-claim-01    Bound    my-pv001  10Gi       RWO            my-storage     20s
my-pv-claim-02    Pending                                      my-storage     10s
```

만약 퍼시스턴트 볼륨 클레임의 요청에 적합한 퍼시스턴트 볼륨이 여러 개라면 쿠버네티스는 요청에 가장 근접한 퍼시스턴트 볼륨을 할당해 줍니다. 예를 들어서 클러스터에 10기비바이트, 5기비바이트 크기의 퍼시스턴트 볼륨이 하나씩 존재하는 상태에서 4기비바이트의 퍼시스턴트 볼륨 클레임이 생성된다면 쿠버네티스는 5기비바이트 크기의 퍼시스턴트 볼륨을 퍼시스턴트 볼륨 클레임과 연결해 줍니다.

파드는 다른 볼륨을 사용할 때와 마찬가지로 퍼시스턴트 볼륨 클레임을 마운트하여 볼륨으로 사용할 수 있습니다.

코드 6-6 **chapter6/my-pod-03.yaml**

```
apiVersion: v1
kind: Pod
metadata:
  name: my-pod
spec:
  containers:
  - name: my-container
    image: my-app:1.0.0
    volumeMounts:
    - name: my-pvc
      mountPath: /storage
  volumes:
  - name: my-pvc
    persistentVolumeClaim:    ❶
      claimName: my-pv-claim-01
```

    ❶ 볼륨으로 my-pv-claim-01이라는 이름을 가진 퍼시스턴트 볼륨 클레임을 사용할 것이라 명시합니다.

퍼시스턴트 볼륨과 퍼시스턴트 볼륨 클레임을 사용하는 가장 큰 목적은 저장공간의 영속성을 확보하는 것입니다. 따라서 파드가 마운트한 볼륨은 파드의 생명주기와 독립적으로 관리됩니다. 즉, 파드가 삭제되거나 재시작한다고 해도 퍼시스턴트 볼륨은 그 내용을 항상 유지하고 있습니다.

퍼시스턴트 볼륨 클레임이 영속성을 잃어버리는 경우는 명시적으로 퍼시스턴트 볼륨을 삭제했을 때입니다. kubectl delete 명령을 이용하여 퍼시스턴트 볼륨 클레임을 명시적으로 제거할 수 있습니다.

```
$ kubectl delete pvc my-pv-claim-01
persistentvolumeclaim "my-pv-claim-01" deleted
```

하지만 퍼시스턴트 볼륨을 삭제한다고 반드시 볼륨 내부의 데이터가 같이 삭제되는 것은 아닙니다. 퍼시스턴트 볼륨 클레임이 삭제되었을 때 그 저장공간에 있던 데이터는 퍼시스턴트 볼륨의 persistentVolumeReclaimPolicy 설정에 따라 다르게 취급됩니다. 만약 설정이 Retain으로 지정된 경우 퍼시스턴트 볼름 클레임이 삭제되더라도 해당 저장공간에 남아 있던 데이터는 그대로 유지됩니다. 따라서 관리자는 해당 데이터 저장공간에 직접 접근하여 데이터를 조회하거나 복사할 수도 있고, 삭제한 뒤 퍼시스턴트 볼륨을 다시 생성할 수도 있습니다.

설정이 Delete로 지정된 경우 퍼시스턴트 볼륨 클레임이 삭제되면 쿠버네티스는 퍼시스턴트 볼륨 역시 삭제하고 자원을 반환합니다. 이는 단순히 디렉터리 내의 파일들을 지운다는 것을 의미하지 않습니다. 해당 퍼시스턴트 볼륨이 클라우드 서비스 등에서 할당받은 자원이라면 데이터를 삭제하고 해당 자원을 반납하겠다는 것을 의미합니다.

예를 들어서 아마존 웹 서비스의 블록 스토리지 서비스인 EBS(Elastic Block Store)를 퍼시스턴트 볼륨으로 사용하는 경우를 생각해 보겠습니다. 이 퍼시스턴트 볼륨은 해당 볼륨을 사용하는 퍼시스턴트 볼륨 클레임이 삭제되면 상태가 릴리스로 바뀝니다. 이때 퍼시스턴트 볼륨의 정책이 Delete라면 쿠버네티스는 이 시점에 해당 퍼시스턴트 볼륨을 생성하기 위해 할당받았던 EBS 자원을 다시 클라우드에 반납합니다.

만약 정책이 Retain으로 설정되어 있었다면 EBS는 반납되지 않고, 관리자는 다른 VM에 해당 저장소를 마운트시켜서 데이터에 접근할 수 있습니다.

☑ **Recycle 정책에 관하여**

퍼시스턴트 볼륨의 리클레임 정책 중에는 Recycle 정책도 있습니다. 이 정책은 퍼시스턴트 볼륨이 릴리스되었을 때 해당 저장공간에 저장된 데이터를 완전히 삭제합니다. 그리고 다른 퍼시스턴트 볼륨 클레임이 해당 퍼시스턴트 볼륨을 사용할 수 있도록 퍼시스턴트 볼륨의 상태를 바꿔 줍니다.

그런데 저장공간을 파드에 할당했다가 필요가 없어지면 공간을 지워서 다시 확보하고 이후 다른 파드에 할당하는 동작은 Recycle 정책을 쓰는 것보다 저장공간 자체를 동적으로 할당하는 것이 더 효율적입니다. 그래서 Recycle 정책은 더 이상 사용되지 않습니다. 저장공간의 동적 할당에 대해서는 다음 절에서 알아보겠습니다.

6.4 스토리지 클래스를 이용한 동적 저장공간 할당

사전에 준비된 저장공간을 하나씩 할당받아서 사용하는 방식은 간편하지만 몇 가지 아쉬운 점이 있습니다. 파드가 원하는 용량의 퍼시스턴트 볼륨이 존재하지 않는 경우 더 큰 용량의 볼륨을 할당하기 때문에 필요한 공간에 비해 과도하게 큰 볼륨을 할당받게 될 수도 있습니다. 또, 퍼시스턴트 볼륨이 모두 할당된 경우 새로운 볼륨이 할당되지 않고 Pending 상태에 머무르기 때문에 파드가 제대로 동작하기 어려워집니다. 따라서 저장공간을 정적으로 할당하는 방식은 계획되지 않은 상황에 효율적으로 대응하기 어렵습니다.

만약 저장공간을 동적으로 할당할 수 있다면 파드의 볼륨에 대한 수요를 미리 예측하지 않고서도 이런 문제를 해결할 수 있습니다. 저장공간이 필요한 시점에 필요한 용량의 저장소를 동적으로 생성한 뒤 파드에 할당하는 것입니다. 이를 쿠버네티스의 동적 볼륨 프로비저닝(Dynamic Volume Provisioning)이라고 합니다.

동적 볼륨 프로비저닝을 사용하기 위해서는 임의의 용량으로 저장공간을 생성할 수 있는 저장소가 필요합니다. 이런 동적 프로비저닝이 가능한 대표적인 저장소로 클라우드 서비스에서 제공하는 블록 스토리지 서비스가 있습니다.

동적 프로비저닝을 위한 스토리지 클래스는 퍼시스턴트 볼륨과 마찬가지로 사전에 정의되어 있어야 합니다. 예를 들어서 아마존의 엘라스틱 블록 스토리지를 이용한 스토리지 클래스의 정의는 다음과 같습니다.

코드 6-7 **chapter6/my-storage-class.yaml**

```
apiVersion: storage.k8s.io/v1
kind: StorageClass
metadata:
  name: ebs-storage
provisioner: kubernetes.io/aws-ebs    ❶
parameters:
  type: gp2                           ❷
reclaimPolicy: Retain
allowVolumeExpansion: true            ❸
volumeBindingMode: Immediate          ❹
```

❶ 이 스토리지 클래스가 저장공간을 확보하기 위해 사용하는 프로비저너를 지정합니다.

❷ 프로비저너에 전달하고자 하는 파라미터가 있다면 명시해 줍니다. 예를 들어서 엘라스틱 블록 스토리지를 프로비저너로 사용하겠다고 명시했으면, 여기에는 스토리지의 등급, 속도, 파일시스템의 타입 등이 명시될 수 있습니다.

❸ 이 스토리지 클래스를 이용하여 볼륨을 생성한 이후 동적으로 볼륨을 확장하는 것을 허용할지에 대한 옵션입니다. 이미 생성된 볼륨을 축소하는 것은 허용되지 않습니다.

❹ 이 스토리지 클래스를 사용하는 퍼시스턴트 볼륨 클레임이 생성되면 바로 저장소를 생성하여 할당합니다. WaitForFirstConsumer로 지정할 경우 해당 퍼시스턴트 볼륨 클레임을 볼륨으로 사용하는 파드가 생성되는 시점에 저장공간을 확보합니다.

정의된 스토리지 클래스를 이용하여 동적으로 볼륨을 프로비저닝하기 위해서는 퍼시스턴트 볼륨을 사용할 때와 마찬가지로 퍼시스턴트 볼륨 클레임을 정의해서 사용합니다.

코드 6-8 **chapter6/my-pvc-03.yaml**

```
apiVersion: v1
kind: PersistentVolumeClaim
metadata:
  name: ebs-claim
spec:
  accessModes:
  - ReadWriteOnce
  storageClassName: ebs-storage
  resources:
    requests:
      storage: 10Gi
```

이 퍼시스턴트 볼륨 클레임은 10GiB의 저장공간을 요청합니다. 그런데 클러스터에는 이미 ebs-storage로 정의된 동적 프로비저닝 가능한 스토리지 클래스가 존재하므로 쿠버네티스는 ebs-storage 스토리지 클래스에 명시된 프로비저너인 aws-ebs 프로비저너에 10GiB의 저장공간을 생성해 줄 것을 요청합니다.

대부분의 경우 엘라스틱 블록 스토리지는 제한 없이 생성할 수 있기 때문에, 프로비저너는 10GiB 용량의 블록 스토리지를 새로 생성한 뒤 이를 볼륨으로 지정해 퍼시스턴트 볼륨 클레임에 바운드시켜 줍니다. 이렇게 생성한 볼륨은 기존과 같은 방식으로 파드에 마운트시킬 수 있습니다.

```
...(중략)...
  volumes:
  - name: cloud-storage
    persistenceVolumeClaim:
      claimName: ebs-claim
```

만약 퍼시스턴트 볼륨 클레임이 삭제되어 더 이상 사용되지 않는다면, 생성되었던 저장소는 스토리지 클래스에 정의된 리클레임 정책에 따라 처리됩니다. 퍼시스턴트 볼륨과 마찬가지로 리클레임 정책이 Delete인 경우 해당 저장소는 삭제되어 자원을 클라우드 서비스로 반환하게 됩니다. 만약 리클레임 정책이 Retain이라면 해당 저장소는 더 이상 쿠버네티스에서 사용할 수는 없지만, 여전히 클라우드 서비스에서 확인 가능한 상태로 남아 있습니다.

7장

쿠버네티스를 활용한 애플리케이션 개발 모범 사례

쿠버네티스를 처음 접한 개발자들은 주로 쿠버네티스를 애플리케이션에 맞추는 방향으로 작업을 합니다. 애플리케이션의 코드는 그대로 유지하면서 통신이 필요하면 서비스를 만들고, 저장공간이 필요하면 볼륨을 연결하는 식입니다.

쿠버네티스의 기본 개념과 이를 활용하는 방법에 대해 어느 정도 익숙해지면 그다음 단계를 고민할 수 있습니다. 쿠버네티스를 활용하여 애플리케이션을 개발하는 최선의 방법은 무엇일지, 전체적인 구조는 어떻게 만드는 것이 좋을지, 쿠버네티스를 이미 익숙하게 활용하는 다른 사람들은 어떤 방식으로 문제점들을 해결했는지 등을 생각해 보는 것입니다.

예를 들어, 애플리케이션의 생명주기를 쿠버네티스 파드의 생명주기와 맞추기도 하고, 설정을 외부화해서 쿠버네티스 오브젝트에 저장하기도 합니다. 이러한 내용들은 이전 장들에서 살펴보기도 했습니다.

이러한 주제들에 대한 해답은 애플리케이션의 특성과 개발 환경에 따라 다를 수 있습니다. 하지만 일반적인 상황과 환경에서 고민스러운 주제를 어떻게 처리하는지 사례로 살펴보는 것이 쿠버네티스를 더 잘 활용하기 위한 지름길이 될 수 있습니다.

이번 장에서는 쿠버네티스 환경을 본격적으로 사용하기 시작할 때 고민할 수 있는 4개의 주제, 로깅, 데이터베이스, 세션, 네임스페이스에 대해서 알아봅니다. 그리고 각각의 주제에서 발생할 수 있는 문제점과 이에 대한 일반적인 해결 사례에 대해서도 같이 알아보겠습니다.

7.1 애플리케이션과 컨테이너의 로그 처리

7.1.1 컨테이너의 로그를 파일로 저장하기

컨테이너를 사용하지 않을 때는 모든 로그를 파일로 저장해서 애플리케이션의 로그를 처리했습니다. 파일로 저장한 로그는 애플리케이션이 갑자기 종료되더라도 안전하게 보존되며 애플리케이션의 문제가 무엇인지 파악하는 데 큰 도움을 주었습니다. 이렇게 로그를 파일로 저장하기 위해 Log4J나 Logback과 같은 별도의 로깅 라이브러리를 사용하거나 애플리케이션의 표준 출력을 파일로 리다이렉션시키는 방법을 썼습니다.

그런데 컨테이너를 사용하기 시작하면서 로그를 저장하는 방법에도 변화가 필요해졌습니다. 컨테이너의 특성상 컨테이너 내부에 파일로 저장한 로그는 컨테이너가 종료되면 사라집니다. 애플리케이션에 문제가 있어서 컨테이너가 종료되었더라도 로그를 통해 어떤 문제가 있었는지 확인하기 어려워지는 것입니다.

이를 해결하기 위해서 먼저 생각할 수 있는 방법은 컨테이너가 종료되어도 로그가 사라지지 않도록 로그의 저장 위치를 영속성을 가진 볼륨으로 바꿔 주는 것입니다. 예를 들어서 다음과 같이 로그의 저장 위치를 퍼시스턴트 볼륨으로 바꿀 수 있습니다.

코드 7-1 **chapter7/my-pod.yaml**

```
apiVersion: v1
kind: Pod
metadata:
  name: my-pod
spec:
  containers:
  - name: my-container
      image: my-app:1.0.0
    volumeMounts:
      - name: log-pvc
        mountPath: /app/logs     ❶
  volumes:
  - name: log-pvc
    persistentVolumeClaim:       ❷
    claimName: log-pv-claim-01
```

❶ 애플리케이션이 로그를 저장하는 경로를 볼륨으로 지정합니다.

❷ 컨테이너가 로그를 저장하는 볼륨을 퍼시스턴트로 정의합니다.

이렇게 파드의 로그 저장 경로를 퍼시스턴트 볼륨에 연결하면 파드가 종료되더라도 로그는 퍼시스턴트 볼륨에 남습니다. 해당 볼륨에 직접 접근하거나 파드를 재실행하면 로그를 확인할 수 있습니다. 애플리케이션이 로그를 덮어씌우는 경우만 조심하면 기존에 로그를 저장하던 방법을 변함없이 유지할 수 있습니다.

하지만 디플로이먼트 등을 이용하여 여러 개의 파드를 구동한다면 문제가 조금 복잡해집니다. 다수의 파드가 다수의 퍼시스턴트 볼륨과 연결된다면 원하는 로그를 쉽게 찾기 어렵습니다. 이러한 문제를 해결하기 위해서 퍼시스턴트 볼륨을 NFS로 정의하는 방법을 생각해 볼 수 있습니다.

NFS로 지정된 퍼시스턴트 볼륨은 결과적으로 하나의 저장소를 가리킵니다. 각각의 파드에서 실행된 애플리케이션은 서로 다른 퍼시스턴트 볼륨 클레임으로 마운트된 볼륨에 로그를 작성하지만 실제로는 모든 파드가 하나의 물리적 저장소에 로그를 작성하게 되는 것입니다. 그래서 NFS로 지정된 저장소에 직접 접근하든, 특정 파드에서 접근하든 모든 파드의 로그를 한번에 확인할 수 있습니다.

하지만 NFS를 이용해 로그를 처리하는 방법에도 단점은 있습니다. 그림 7-1과 같이 각각의 파드가 log-pvc-A와 log-pvc-B라는 별도의 퍼스시턴트 볼륨 클레임으로 같은 저장소에 접근한다고 가정해 보겠습니다. 파드 A와 파드 B 둘 다 동일한 파일명 application.log로 로그를 남긴다면 어떻게 될까요?

여러 프로세스가 하나의 자원을 공유하는 것은 많은 우려를 가져오는 선택

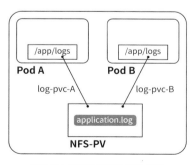

그림 7-1 NFS를 이용한 로그 저장

입니다. 로그 파일의 마지막 부분에만 내용을 추가하는 Append 모드로 로그를 작성한다면 어떤 파드가 다른 파드의 로그를 지워버리는 일은 막을 수 있겠지만 하나의 파일에 여러 파드의 로그를 순서 없이 쌓는 것은 많은 혼란을 부추깁니다.

로그 파일명에 application-20220420012432.log와 같이 타임스탬프를 붙여서 저장하는 방법이 떠오를 수도 있습니다. 혼란을 피할 수 있을 수는 있겠지만 타임스탬프를 사용하는 것이 로그의 유일성을 보장해 주지도 않으며, 타임스탬프를 통해 로그가 어떤 파드에 속하는지 확인하기도 어렵습니다.

파드의 수가 많아지면 NFS의 입출력 성능이 로그의 기록 속도를 따라가지 못할 수도 있습니다. 기본적으로 로그는 문자 데이터를 실시간으로 기록하기 때문에 저장소의 성능에 영향을 많이 받습니다. 그래서 대량의 로그를 기록할 때는 물리적으로 연결되어 있어서 빠르게 읽고 쓸 수 있으며 다른 저장소와 분리되어 있는 로컬 드라이브를 사용하는 것이 효율적입니다.

만약 대량의 로그를 네트워크 드라이브에 저장한다면 부하가 집중되는 네트워크와 저장소의 입출력에서 병목현상이 발생할 가능성이 있습니다. 로그 구현체가 로그를 모아서 보내거나 입출력 동작을 비동기로 수행하는 등의 기법을 사용하여 병목현상으로 인한 입출력의 지연에 적절하게 대응하지 못했다면 애플리케이션에도 나쁜 영향을 줄 수 있습니다.

네트워크 드라이브의 입출력 지연이 스레드를 점유하여 애플리케이션의 성능 혹은 메모리 사용량에 좋지 못한 영향을 미칠 수 있으며 다른 동작의 블로킹을 유발할 수 있습니다. 그리고 대량의 로그가 버퍼의 용량을 초과하여 로그가 유실될 가능성 역시 배제하기 어렵습니다. 그래서 네트워크 드라이브에 로그를 저장하는 것은 파드의 수가 많지 않을 때를 가정하는 경우가 많습니다.

컨테이너를 이용하여 실행되는 애플리케이션을 만들 때 로그를 네트워크 드라이브에 파일로 저장하는 방법은 저장하는 로그의 형태와 분량, 쌓이는 속도 등을 고려해 신중하게 사용해야 합니다.

7.1.2 표준 출력으로 컨테이너 로그 처리하기

컨테이너 기반의 애플리케이션이 로그를 처리하는 일반적인 방법은 로그를 표준 출력(standard output)으로 내보내는 것입니다. 이러한 원칙은 경험 많은 개발자들에게는 다소 혼란스럽게 느껴질 수 있습니다. 로그를 표준 출력으로 보낸다는 말은 바꿔서 말하면 로그를 처리할 때 아무것도 하지 말라는 말이 됩니다. 대부분의 애플리케이션 프레임워크는 로그에 관한 별도의 설정이 없으면 로그를 표준 출력으로 내보내기 때문입니다.

하지만 이렇게 로그를 표준 출력으로 보내는 방식은 컨테이너를 사용하지 않던 시절에도 종종 사용해 왔습니다.

```
$ java -jar application.jar > app.log
```

유닉스나 리눅스에서 애플리케이션을 실행할 때 > app.log와 같은 리다이렉션(redirection) 명령을 지정해 주면 해당 애플리케이션의 표준 출력은 모두 파일로 저장됩니다. 애플리케이션의 프레임워크나 로깅 라이브러리와 관계없이 모두 같은 방식으로 로그를 처리할 수 있기 때문에 로그를 간단하게 저장해야 할 때 많이 사용하는 방식입니다.

컨테이너를 이용해 로그를 처리하는 방식도 동일합니다. 로그를 저장하거나 어딘가로 전송하는 등의 일은 애플리케이션 바깥 영역에서 이루어지며 애플리케이션은 로그와 관련하여 어떠한 처리도 하지 않습니다. 애플리케이션이 표준 출력으로 보낸 로그는 컨테이너 레벨에서 처리됩니다.

예를 들어서 도커를 이용해 애플리케이션을 실행할 경우 다음과 같이 로그를 조회할 수 있습니다.

```
$ docker run -d my-app:1.0.0  ❶
60df383830532d501cd8b853967ad2974f7d8e274e49b8f311a675fab006caf5$ docker ps
$ docker logs 60df  ❷
...(중략)...
2022-05-02 19:00:02.776  INFO 1 --- [           main]
    o.s.b.w.embedded.tomcat.TomcatWebServer
    : Tomcat started on port(s): 8080 (http) with context path ''
2022-05-02 19:00:02.781  INFO 1 --- [           main]
    io.jheo.myapp.MyappApplication
    : Started MyappApplication in 0.873 seconds (JVM running for 1.058)
```

❶ my-app:1.0.0 이미지를 -d 옵션을 주어 백그라운드에서 실행했습니다.

❷ 실행된 컨테이너의 로그를 조회합니다. 이때 컨테이너 ID의 경우 다른 컨테이너와 구분할 수 있다면 앞의 몇 글자만 전달해도 됩니다.

이 실행 결과는 컨테이너 내부의 애플리케이션이 표준 출력으로 전달한 로그가 컨테이너를 실행한 도커로 전달되어 컨테이너 외부에서 조회할 수 있음을 보여 줍니다. 이러한 원칙은 쿠버네티스를 사용할 때도 마찬가지입니다. 이 로그는 마찬가지로 kubectl logs 명령어[1]를 통해 조회할 수 있습니다.

```
$ kubectl get pods
NAME              READY    STATUS     RESTARTS        AGE
my-pod.           1/1      Running    0               10s
$ kubectl logs -f my-pod ❶
2022-05-07 19:12:34.320  INFO 1 --- [              main]
    w.s.c.ServletWebServerApplicationContext
    : Root WebApplicationContext: initialization completed in 406 ms
2022-05-07 19:12:34.574  INFO 1 --- [              main]
    o.s.b.w.embedded.tomcat.TomcatWebServer
    : Tomcat started on port(s): 8080 (http) with context path ''
2022-05-07 19:12:34.579  INFO 1 --- [              main]
    io.jheo.myapp.MyappApplication
    : Started MyappApplication in 0.887 seconds (JVM running for 1.071)
```

> ❶ kubectl logs 명령어를 이용해 파드의 로그를 출력합니다. -f 옵션을 주면 출력 후 바로 종료하지 않고 로그를 계속 출력합니다. 파일 로그를 조회할 때 쓰는 tail -f와 동일한 기능이며 도커 로그를 조회할 때도 사용 가능합니다.

하지만 컨테이너 외부에서 파드의 로그를 조회할 수 있다는 사실이 로그 처리와 관련된 모든 문제를 해결해 주지는 않습니다. 예를 들어서 다수의 파드가 배치되었을 때 내가 원하는 로그를 확인하는 일은 여전히 어렵습니다. 오래된 로그에서 원하는 부분을 찾는 것도 불편하며, 파드가 종료될 경우 로그를 조회하기도 어려워집니다.

7.1.3 로그 관리 시스템을 이용하여 로그 수집하기

컨테이너의 로그 처리와 관련하여 발생하는 다양한 문제를 해결하기 위해서 많이 사용하는 방법은 별도의 로그 관리 시스템(log management system)을 활용하는 것입니다. 로그 관리 시스템이란 여러 파드의 로그를 하나의 저장소로 모아둔 뒤 별도의 애플리케이션을 이용하여 조회하거나 검색하는 방법을

---

1 kubectl logs 명령어의 자세한 사용법은 10장에서 알아보겠습니다.

말합니다. 이는 하나의 서비스나 애플리케이션으로 구성하기보다는 그림과 같이 다양한 요소를 조합하여 만드는 것이 일반적입니다.

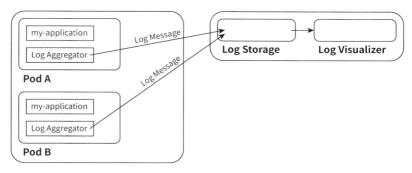

그림 7-2 로그 관리 시스템을 이용한 로그 수집

로그 관리 시스템의 주요한 구성요소는 다음과 같습니다.

- 로그 수집기(log aggregator): 애플리케이션이 출력하는 로그를 수집하여 필요한 형태로 가공하여 로그 저장소로 전달하는 역할을 수행합니다. 이러한 로그 수집기는 애플리케이션 컨테이너의 로그를 바로 수집할 수 있도록 일반적으로 애플리케이션과 같은 파드 내에 다른 컨테이너의 형태로 실행됩니다. 이러한 패턴을 사이드카 패턴(sidecar pattern)이라고 합니다.
- 로그 저장소(log storage): 여러 로그 수집기가 전송한 로그를 저장하고, 필요할 때마다 빠르게 조회하고 검색할 수 있도록 인덱싱 작업을 수행합니다. 대표적으로 일래스틱서치(ElasticSearch)나 오픈서치(OpenSearch)와 같은 로그 저장소가 있습니다.
- 로그 시각화 도구(log visualizer): 로그 저장소에 저장된 로그를 조회하거나 검색하는 UI를 제공하며, 필요에 따라 대시보드를 구성하여 필요한 데이터들을 조회합니다. 대표적으로 Kibana, Grafana, splunk와 같은 시각화 도구들이 있습니다.

그림 7-2에서처럼 각각의 파드에서 실행되고 있는 애플리케이션 컨테이너의 로그는 같은 파드 내부에서 실행 중인 로그 수집기가 수집하여 이를 로그 저장소로 전송합니다.

이때 로그 수집기는 애플리케이션 컨테이너와 같은 파드에 위치하므로 발생하는 로그를 쉽게 수집할 수 있습니다. 수집된 로그는 저장소에서 관리하며, 사용자는 이를 시각화 도구를 이용하여 검색하거나 대시보드 형태로 모니터링할 수 있습니다.

☑ **로그 수집기의 종류와 선택**

로그 수집기에는 Logstash, FluentD와 같이 로그의 수집, 변형이 가능하고 다양한 입력과 출력을 지원하는 프로그램 혹은 Filebeat, FluentBit와 같이 로그를 저장소로 전달하는 역할에 집중한 가벼운 형태의 프로그램 등 다양한 종류가 있습니다.

어떤 로그 수집기를 사용하는 것이 적합한지는 상황에 따라 다르지만, 애플리케이션의 로그가 일반적인 형태가 아니거나 로그의 복잡한 파싱(parsing)이나 변형, 세밀한 입출력 제어가 필요한 경우 Logstash, FluentD 등을 사용하는 것이 적합합니다.

만약 애플리케이션의 로그가 자바, 스프링, 파이썬, 노드 등 많이 사용하는 프레임워크나 프로그래밍 언어의 일반적인 로그 형식을 그대로 사용하거나 비교적 단순한 형태의 파싱과 변형만 필요한 경우 Filebeat, FluentBit와 같이 경량화된 로그 수집기를 사용하는 것이 좋습니다.

쿠버네티스 환경을 이용하여 로그를 수집하고 전송할 때는 파드에 적은 부담을 주는 경량화된 로그 수집기를 사용하는 것이 유리한 경우가 많습니다. 이를 위해서 애플리케이션의 로그도 독자적인 포맷으로 출력하기보다는 기본적인 형태를 유지하는 것이 좋습니다.

이와 같이 로그 관리 시스템을 이용해 로그를 처리하는 방식은 분명한 장점을 가지고 있습니다. 모든 파드의 로그를 하나의 저장소에 통합시킬 수 있기 때문에 특정 로그를 확인하기 위해서 여러 곳을 뒤질 필요가 없습니다. 하나의 애플리케이션이 여러 파드로 실행될 때는 물론이고 여러 애플리케이션이 다수의 파드에서 실행될 때도 유용하게 사용할 수 있습니다. 이를 이용하면 하나의 요청이 여러 파드를 거쳐 가는 상황에서도 로그를 한번에 추적할 수 있다는 장점을 가질 수 있습니다.

이러한 구조는 로그 처리의 성능 측면에서도 유리한 부분이 있습니다. 로그 저장소는 많은 파드에서 오는 대량의 로그를 인덱싱하여 저장하기 때문에 몇 개월에 걸쳐 쌓인 로그를 시간 혹은 키워드로 검색하는 과정이 매우 빨라집니다.

또한 로그 수집기는 애플리케이션의 처리에 방해가 되지 않도록 대부분 적은 자원을 소모합니다. 동시에 애플리케이션에 로드가 많이 걸리지 않는 시점을 판단하여 로그를 모아서 전송하기 때문에 로그 처리에 들어가는 자원 부담을 상당히 덜어줄 수 있습니다.

반대로 로그 관리 시스템의 저장소 및 시각화 도구 자체가 설치 시 상당한 수준의 자원이 필요합니다. 애플리케이션의 규모가 일정 수준이 되어 대량의 로그가 쌓이지 않는다면 비용 측면에서 효율적이지 않을 수도 있습니다. 따라서 애플리케이션을 처음 개발할 때는 표준 출력의 로그나 파일로 저장되는 로그를 사용하다가 규모가 커질 때 로그 관리 시스템의 도입을 검토하는 것도 좋은 선택이 될 수 있습니다.

> ☑ **로그 관리 시스템을 구성하기**
>
> 쿠버네티스 환경에서 로그 관리 시스템을 구성하는 방법은 크게 두 가지로 나뉩니다. 하나는 클러스터에 직접 로그 저장소와 시각화 도구를 설치해서 사용하는 것이며, 다른 하나는 일래스틱 클라우드 혹은 아마존 오픈서치, 데이터독(Datadog) 등의 클라우드 형태로 구성된 서비스형 로그 저장소를 사용하는 방법입니다.
>
> 서비스형 로그 저장소는 별도의 비용이 들어간다는 단점이 있기는 하지만, 운영하는 클러스터 규모가 작다면 오히려 비용을 줄일 수 있습니다. 일반적으로 로그 저장소는 많은 자원을 소비하기 때문에 통합 로깅 시스템을 구성하기 위해 클러스터의 규모를 늘리는 것보다는 저렴할 수 있습니다.
>
> 반면에 로그의 내용을 외부로 보내는 것이 규정과 보안에 어긋나거나, 충분한 인프라 자원을 가지고 있는 경우 통합 로깅 시스템을 직접 설치하여 구성하는 것도 좋은 대안이 될 수 있습니다.

7.2 데이터베이스의 설치와 연결

쿠버네티스를 사용하기 시작하면 한 번쯤 하게 되는 고민이 있습니다. 우리가 만드는 애플리케이션은 파드의 형태로 쿠버네티스에서 실행하는 것이 당연한데, 그 애플리케이션이 사용하는 데이터베이스를 쿠버네티스에 파드의 형태로 실행해야 하는지에 대한 고민입니다.

언뜻 생각하기에는 데이터베이스도 애플리케이션의 일종이기에 파드의 형태로 쿠버네티스에서 실행하는 것이 큰 문제가 없는 것처럼 보입니다. 실제로 도커 허브(Docker Hub)와 같은 컨테이너 저장소에서 MySQL, MariaDB 등의 데이터베이스 이미지를 쉽게 찾을 수도 있으며, 이를 실행해 보면 확실히 데이터베이스의 역할을 수행해 줍니다.

하지만 데이터베이스를 쿠버네티스에서 실행하는 것은 생각보다 복잡한 문제를 가지고 있습니다. 가장 중요한 고민은 자주 종료되고 다시 실행되는 쿠버네티스 파드의 특성과 중단 없이 실행되어야 하는 데이터베이스의 특성이 어울릴 수 있느냐는 점입니다.

단순하게 생각해 보면 쿠버네티스에서 데이터베이스를 실행하는 것은 장점이 많아 보입니다. 예상치 못한 오류로 데이터베이스가 종료되었을 때 쿠버네티스가 해당 데이터베이스의 파드를 바로 다시 실행해 줄 것이며, 필요한 경우 데이터베이스에 자원을 더 할당하거나 레플리카의 숫자를 조정하는 작업도 수월하게 진행할 수 있습니다.

또한 애플리케이션과 그 애플리케이션이 사용하는 데이터베이스가 파드라는 같은 단위로 관리하고 실행할 수 있기 때문에 애플리케이션이 동작하는 데 필요한 모든 자원을 한번에 배포할 수도 있습니다.

하지만 데이터베이스와 쿠버네티스의 조합은 조금 더 신중하게 접근해야 합니다. 몇 가지 문제가 발생할 수 있기 때문입니다.

7.2.1 쿠버네티스에서 데이터베이스를 실행할 때 발생하는 문제

가장 먼저 생각할 수 있는 문제는 데이터베이스가 예상치 못한 오류로 종료되었다가 다시 실행된다면 해당 데이터베이스가 제대로 된 기능을 수행할 수 있을지입니다.

데이터베이스 파드가 종료되었다가 쿠버네티스에 의해서 재실행되었을 때 해당 데이터베이스가 어떤 노드에서 실행될지는 알 수 없습니다. 따라서 데이터베이스는 hostPath를 저장소로 사용하기 어렵습니다.

만약 그림 7-3과 같이 1번 노드에서 hostPath를 이용하여 볼륨을 연결하고, 데이터를 저장하던 데이터베이스 파드가 2번 노드에서 다시 실행되었다면 해당 데이터베이스는 비어 있는 저장소를 가지고 시작하게 되며 이는 데이터 유실을 가져옵니다.

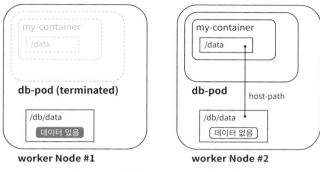

그림 7-3 hostPath를 이용한 데이터베이스 저장소 관리

만약 데이터베이스가 이중화되어 있으며 다른 데이터베이스 파드가 데이터를 전달해 줄 수 있다고 하더라도 대량의 데이터를 다시 복제해서 정상화하는 것은 시스템의 자원과 네트워크 용량을 많이 소모하는 일입니다. 따라서 이런 방식의 구조는 활용하기 어렵습니다.

7.2.2 데이터베이스 파드 관리를 위한 다양한 방법들

데이터베이스의 마스터 혹은 레플리카 파드의 재실행이 데이터 복제로 인해 심각하게 느려지는 문제를 방지하기 위해서 생각할 수 있는 해결책 중 하나는 데이터베이스 파드에 연결된 볼륨을 어떤 형식으로든 네트워크에 연결된 저장소로 정의하는 것입니다. 직접 구성한 NFS 저장소가 될 수도 있고, 클라우드 서비스에서 제공하는 블록 스토리지 등이 될 수도 있습니다.

이 방식은 네트워크에 연결된 퍼시스턴트 볼륨이 데이터베이스 파드의 종료 시점까지의 데이터를 보존하고 있을 것으로 기대할 수 있습니다. 따라서 다시 생성된 데이터베이스 파드는 다운타임[2] 동안의 데이터 변경분만 레플리카 데이터베이스에서 전송받으면 됩니다.

그런데 데이터베이스의 저장소로 네트워크 저장소를 사용하는 것이 최적의

---

2 애플리케이션이 정상적으로 동작하지 않는 시간을 말합니다.

해결책이라고 말하기는 어렵습니다. 네트워크 저장소는 호스트에 위치한 저장소에 비하여 입출력 속도에서 어느 정도 손해를 감수할 수밖에 없기 때문입니다.

따라서 네트워크 저장소를 데이터베이스의 볼륨으로 이용하기 이전에, 이러한 성능 저하가 애플리케이션의 요구사항을 고려했을 때 충분히 감수할 만한 것인지 아닌지를 잘 생각해야 합니다.

다른 방법으로 데이터베이스 파드가 항상 같은 노드에서 실행되도록 제한하는 방법이 있습니다. 이를 위해 노드 어피니티(node affinity)를 설정해서 파드가 실행될 노드를 명시할 수 있습니다.

```
$ kubectl label nodes worker1 database=master
node/worker1 labeled
$ kubectl get nodes --show-labels
NAME     STATUS  ROLES   AGE  VERSION  LABELS
worker1  Ready   <none>  1d   v1.22.5  database=master, ...(중략)...
```

이후 데이터베이스 파드의 정의에 레이블을 지정해 줍니다.

코드 7-2 **chapter7/my-pod-02.yaml**

```
apiVersion: v1
kind: Pod
metadata:
  name: mysql
spec:
  affinity:
    nodeAffinity:
      requiredDuringSchedulingIgnoredDuringExecution:  ❶
        nodeSelectorTerms:
        - matchExpressions:
          - key: database
            operator: In          ❷
            values:
            - master
  containers:
  - name: mysql-master
    image: mysql
```

❶ 노드 어피니티를 설정합니다. requiredDuringSchedulingIgnoredDuringExecution 은 아래 명시한 조건과 일치하는 노드에만 파드를 스케줄링하겠다는 의미입니다. pre ferredDuringSchedulingIgnoredDuringExecution으로 지정할 경우 weight 값을 별도로 명시하여 조건에 맞는 노드 중 가장 가중치가 높은 노드를 선택하도록 유도할 수 있습니다.

❷ 노드를 선택하는 조건을 명시합니다. 여기서는 database라는 키가 master로 정의된 노드를 지정하고 있습니다.

☑ 노드 셀렉터를 이용한 노드 선택

노드 어피니티를 이용해 파드가 스케줄링될 노드를 정의하는 것은 다소 복잡해 보일 수 있습니다. 만약 단순히 레이블을 기준으로 특정 노드를 선택하고자 하는 경우 노드 셀렉터를 이용하여 더 단순하게 지정할 수도 있습니다.

```
apiVersion: v1
kind: Pod
metadata:
  name: mysql
spec:
  nodeSelector:
    database: master
...(중략)...
```

노드 셀렉터는 파드가 스케줄링될 노드를 레이블을 기준으로 단순하게 선택하고자 할 때 사용하기 좋습니다. 만약 조금 더 다양한 조건과 가중치를 고려하여 노드를 선택하고 싶다면 노드 어피니티를 사용하여 스케줄링될 노드의 조건을 명시해 주는 것이 좋습니다.

이러한 파드 정의는 파드가 실행될 노드를 고정할 수 있다는 점에서 데이터베이스의 설치와 관련된 많은 문제를 해결해 줄 수 있습니다. 연결된 퍼시스턴트 볼륨을 hostPath 방식으로 고정할 수도 있으며, 특정 노드를 데이터베이스만 실행하도록 전용 노드로 만들어 줄 수도 있습니다.

하지만 동시에 이런 설정은 쿠버네티스가 가지는 장점을 일정 부분 포기하는 것이기도 합니다. 클러스터 전체의 자원을 유연하게 분배할 수도 없으며, 해당 노드에 장애가 발생했을 때는 다른 노드가 해당 노드의 역할을 대신해 줄 수도 없습니다. 이런 점을 생각하면 데이터베이스를 굳이 쿠버네티스의 노드를 제한하면서 실행하는 것과 클러스터 외부의 별도 호스트에서 실행하는 것에 큰 차이가 없는 것처럼 보입니다.

그래서 많은 경우 데이터베이스는 쿠버네티스에서 파드의 형태로 실행하는 것을 권장하지 않습니다. 많은 데이터베이스들이 쿠버네티스에서 파드 형태로 실행될 것을 고려하지 않고 개발되었기에 데이터베이스를 쿠버네티스에서 실행하여서 얻을 수 있는 장점보다는 단점이 더 많이 보입니다.

7.2.3 쿠버네티스와 데이터베이스의 일반적인 구성과 고려할 점

애플리케이션을 쿠버네티스에 배치할 때 일반적으로 권장되는 구조는 데이터베이스를 별도의 호스트나 가상머신 혹은 관리형 데이터베이스 등 쿠버네티스와 무관한 위치에 배치한 뒤 이를 내부 네트워크로 연결하는 것입니다. 이러한 구조는 데이터베이스가 최적의 환경에서 관리될 수 있도록 해 주며, 그동안 검증된 노하우들을 이용하여 데이터베이스의 성능과 안정성을 높여 줄 수 있기 때문에 선호되는 방식입니다.

그럼에도 데이터베이스를 쿠버네티스 클러스터 내부에서 실행하는 것이 좋은 경우가 몇 가지 있습니다. 첫 번째, 데이터베이스의 복제나 복구를 크게 신경 쓰지 않고 단일 노드로 실행하는 경우입니다. 일반적으로 운영 환경이 아닌 개발 환경에서 사용하는 데이터베이스가 여기에 해당합니다. 이 경우 데이터베이스를 파드 형태로 만들어서 적당한 퍼시스턴트 볼륨에 연결해 주면 매우 간단하게 데이터베이스가 포함된 시스템을 구성할 수 있으며, 이식성도 좋아집니다.

두 번째, 사용하는 데이터베이스가 디스크 저장소에 크게 의존하지 않는 경우를 생각할 수 있습니다. 여기에는 일부 NoSQL 데이터베이스나 레디스와 같은 메모리 데이터베이스가 포함될 수 있습니다.

데이터베이스를 작은 단위로 나누어서 배치하여, 데이터를 분산해서 저장하는 형태의 NoSQL 데이터베이스의 경우 여러 개의 호스트를 준비하는 자원보다 쿠버네티스에 파드 형태로 데이터베이스를 배치하여 자원을 아낄 수 있습니다.

이러한 데이터베이스는 파드가 재기동되어 데이터가 없는 상태로 복구되었다고 하더라도 원본 데이터를 복제하여 다시 데이터베이스 클러스터에 합류하는 과정이 전통적인 데이터베이스에 비하여 훨씬 짧고 부담 없이 이루어집니다.

데이터를 메모리에 저장하는 메모리 데이터베이스를 사용할 때도, 저장하는 데이터가 캐시의 성격을 가지고 있어서 유실되어도 무관하다면 파드 형태로 실행하는 것이 더 효율적일 수 있습니다. 다만, 메모리 데이터베이스에 저장한 데이터가 유실되면 안 되는 경우에는 여전히 저장소에 대한 의존성을 가지게 되므로 쿠버네티스 클러스터에 데이터베이스를 배치하는 것이 좋지 못한 선택이 될 수 있습니다.

마지막으로 쿠버네티스에서 실행될 것을 전제로 설계된 데이터베이스를 사용할 수도 있습니다. 대표적으로 Vitess와 같이 MySQL을 기반으로 쿠버네티스 클러스터에서 원활히 동작할 수 있도록 설계한 데이터베이스가 있습니다. 이러한 데이터베이스는 기존 데이터베이스들의 신뢰성과 쿠버네티스의 확장성 및 안정성을 모두 장점으로 가질 수 있어서 좋은 선택이 될 수 있습니다.

다만 대부분 시스템에서 데이터베이스가 가지는 중요도가 워낙 높기에 일반적으로 충분히 검증된 데이터베이스를 보수적으로 선택하는 경우가 많습니다. 따라서 쿠버네티스까지 고려한 새로운 데이터베이스들의 적용은 일반적으로 이러한 선택이 가져오는 이득이 분명하다고 생각될 때 신중하게 시도해 보는 것이 좋습니다.

7.3 애플리케이션의 세션 처리하기

세션이란 애플리케이션 서버가 저장하고 관리하는 사용자 정보의 집합입니다. 이 세션에는 여러 가지 정보를 담을 수 있지만 일반적으로는 로그인한 사용자와 관련된 정보를 저장합니다.

만약 세션을 사용하지 않는다면 서버는 이 요청이 어떤 사용자의 것인지 알 수 없습니다. 각각의 요청에 별도의 상태를 저장하지 않는 HTTP의 특성 때문에 로그인 상태와 로그인하지 않은 상태를 구분하기도 어렵고, 사용자의 권한을 구분하기도 어렵습니다.

기본적으로 세션은 서버의 메모리 영역에 저장됩니다. 각각의 HTTP 요청은 고유한 식별자를 같이 전송하고, 서버는 전달된 세션 식별자를 통해 메모리에 저장된 세션 정보를 가져오게 됩니다. 이러한 세션 활용은 간편하고 효율적이지만 서버가 2개 이상일 때는 상황이 복잡해집니다.

그림 7-4와 같이 사용자가 로그인 요청을 하면 서버는 데이터베이스에서 사용자 정보를 조회한 뒤 세션 영역에 저장합니다. 이후 Pod A로 들어오는 요청은 이 세션 정보를 참조할 수 있습니다.

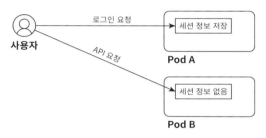

그림 7-4 세션 정보 획득에 실패하는 사례

하지만 만약 요청이 Pod B로 들어간다면 해당 파드의 메모리에 세션 정보가 없기 때문에 요청을 정상적으로 처리하기 어려워집니다. 특히 쿠버네티스에서 디플로이먼트와 서비스를 이용하여 애플리케이션을 운용할 때는 이전에 알아봤던 것처럼 다수의 파드에 요청이 나누어져서 들어가기 때문에 이러한 문제가 자주 발생합니다.

7.3.1 세션 어피니티를 이용한 세션 고정 처리

서버가 다수 존재하는 상황에서도 세션을 적절하게 사용하기 위한 몇 가지 해결책이 있습니다. 그중 하나는 스티키 세션(sticky session)을 사용하는 것입니다.

스티키 세션이란 하나의 클라이언트가 하나의 서버하고만 요청과 응답을 주고받을 수 있도록 요청 경로를 고정하는 기법을 말합니다. 스티키 세션을 이용하여 세션을 처리하는 모습은 그림 7-5와 같이 표현할 수 있습니다.

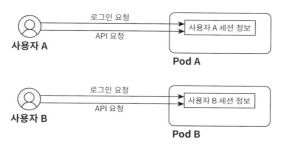

그림 7-5 스티키 세션을 이용한 세션 처리

스티키 세션은 사용자에 따라서 전달해야 할 서버를 고정시켜 줍니다. 예를 들어서 사용자 IP를 기준으로 짝수 IP는 Pod A로, 홀수 IP는 Pod B로 요청을 보내도록 고정할 수 있습니다. 스티키 세션은 마치 서버가 하나인 것처럼 동작하기에 다수의 서버가 존재하는 상황에서 발생하는 다양한 문제를 모두 해결해 줍니다.

쿠버네티스에서는 세션 어피니티(session affinity)라는 이름으로 스티키 세션을 지원합니다. 세션 어피니티를 설정하려면 서비스에 다음과 같은 정의를 추가합니다.

코드 7-3 **chapter7/my-service.yaml**

```
apiVersion: v1
kind: Service
metadata:
  name: my-service
spec:
  sessionAffinity: ClientIP     ❶
  sessionAffinityConfig:
    clientIP:                    ❷
      timeoutSeconds: 1800
  selector:
    app: this-is-my-app
  ports:
  - protocol: TCP
    port: 3000
    targetPort: 8080
```

❶ 세션 어피니티를 설정합니다. ClientIP 외에는 옵션이 없습니다.

❷ 세션 어피니티가 1800초 동안 유지되도록 설정합니다. 최대 하루(86400초)까지 설정 가능합니다.

이후 해당 서비스는 요청을 준 클라이언트의 IP를 기준으로 같은 IP에서 온 요청은 항상 같은 파드로 전송해 줍니다. 이는 서비스를 알아볼 때 언급했던 요청이 어느 파드에 들어가는지 신경 쓰지 않는 구조로 애플리케이션을 개발하는 것이 좋다는 원칙과 충돌하지만, 다수의 파드가 존재하는 상황에서 세션을 유지하기 위한 간단하고 직관적인 해결 방법이 될 수 있습니다.

하지만 세션 어피니티를 이용해 스티키 세션을 구현하는 것은 몇 가지 단점을 가지고 있습니다.

가장 먼저 생각할 수 있는 문제는 파드의 숫자가 늘어나거나 줄어드는 상황에 유연하게 대응하기 어려워진다는 점입니다. 세션 어피니티를 이용하여 세션을 고정했다면 파드로 향하는 요청이 급증하여 파드의 숫자가 늘어났을 때도 기존의 요청 경로가 새로운 파드로 분산되지 않습니다. 따라서 새로운 파드로 부하가 분산되는 효과를 기대하기 어렵습니다.

반대로 부하가 줄어들어 파드의 숫자도 줄어들게 된다면 종료되는 파드와 연결된 세션은 모두 유실됩니다. 그러면 클라이언트는 예상하지 못한 로그아웃을 경험할 수도 있습니다. 이러한 상황은 쿠버네티스가 알아서 파드의 생명 주기를 관리해 주는 동작에 제한을 주기 때문에 셀프 힐링이나 오토 스케일 등 쿠버네티스를 도입하면서 얻을 수 있는 많은 장점을 다소 줄여 버리는 결과를 가져오기도 합니다.

다른 단점으로는 IP를 기준으로 요청을 분산하면 부하가 균형 있게 분산되기 어려울 수 있다는 점입니다. 예를 들어서 하나의 외부 IP를 다수의 사용자가 같이 사용하는 기업이나 조직의 내부망과 같은 곳에서 들어오는 요청은 모두 하나의 파드로 집중됩니다.

이러한 문제를 해결하기 위해서 스티키 세션을 ClientIP 방식의 세션 어피니티를 사용하지 않고 쿠키 기반으로 변경할 수 있습니다. 쿠키 기반의 스티키 세션 설정은 인그레스 레벨에서 해야 하므로 사용하는 인그레스 컨트롤러에 따라 달라질 수 있습니다.

일반적으로 많이 사용하는 Nginx 인그레스 컨트롤러를 기준으로는 다음과 같이 애너테이션을 추가해 주면 쿠키 기반의 스티키 세션을 사용할 수 있습니다.

코드 7-4 **chapter7/my-ingress.yaml**

```
apiVersion: networking.k8s.io/v1
kind: Ingress
metadata:
  name: my-ingress
annotation:
  nginx.ingress.kubernetes.io/affinity: "cookie"
spec:
  ...(중략)...
```

스티키 세션을 이용한 세션 처리는 장점과 단점이 뚜렷하기 때문에 일반적으로는 스티키 세션의 특성을 잘 이해하고 클라이언트에서도 세션 유실에 대비한 처리를 잘해줄 수 있는 경우, 파드 간의 공유 저장소가 없어서 파일 액세스를 위해서 요청 경로를 고정해야 하는 경우, 혹은 쿠버네티스를 고려하지 않고 개발된 애플리케이션들을 변경 없이 쿠버네티스에 올려야 하는 상황 등과 같이 불가피한 상황에 많이 사용됩니다.

하지만 이렇게 스티키 세션을 사용할 때는 파드와 서비스의 생명주기를 알아서 관리하면서 최적의 상태를 유지하는 쿠버네티스의 장점을 일부 포기해야 합니다.

7.3.2 세션 저장소를 이용한 세션 처리

쿠버네티스에서 세션을 처리할 때는 일반적으로 별도의 공유 세션 저장소를 사용하는 방법을 사용합니다. 예전에는 서버 간에 세션 정보를 공유하기 위한 방법으로 웹 애플리케이션 서버(web application server)의 세션 클러스터링(session clustering) 기능을 사용하는 방식을 많이 사용했습니다.

그러나 쿠버네티스의 네트워크 환경에서 세션 클러스터링을 지원하는 웹 애플리케이션 서버는 제한적입니다. 그래서 요즘에는 특정 네트워크 드라이버나 미들웨어에 종속되지 않도록 애플리케이션 레벨에서 세션을 공유하는 것이 일반적인 선택이 되었습니다.

공유 세션 저장소를 사용하는 구조는 그림 7-6과 같이 단순합니다. 애플리케이션에 로그인 등의 요청이 들어와서 세션 정보를 저장할 때 별도의 세션 저장소에 저장합니다. 이후 요청이 다른 파드에 전달되더라도 같은 세션 저장소에서 세션 정보를 참조하기 때문에 문제없이 요청을 처리할 수 있습니다.

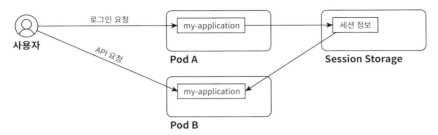

그림 7-6 공유 세션 저장소를 사용한 세션 처리

이러한 구조는 서버의 메모리에 세션 정보를 저장하는 것보다 처리 성능이 다소 떨어질 수는 있지만, 일반적으로는 메모리 기반의 데이터 저장소를 세션 저장소로 사용하여 성능 손실을 최소화하고 있습니다.

공유 세션 저장소를 사용하기 위한 설정은 애플리케이션 코드에서 하는 것이 일반적입니다. 예를 들어 스프링 프레임워크를 사용하는 경우 스프링 세션(Spring Session)과 레디스(Redis)를 조합하여 간단하게 설정할 수 있습니다. 먼저 build.gradle 혹은 pom.xml 파일에 다음과 같이 의존성 설정을 해서 스프링 세션과 레디스 라이브러리를 애플리케이션에 포함시켜 줍니다.

```
implementation 'org.springframework.boot:spring-boot-starter-data-redis'
implementation 'org.springframework.session:spring-session-data-redis'
```

이후 application.properties 파일에 다음과 같이 세션으로 레디스를 쓰겠다고 선언해 줍니다.

```
spring.session.store-type=redis
spring.redis.host=my-redis
spring.redis.port=6379
```

이후 다음과 같이 Application 클래스 혹은 Configuration 클래스에 애너테이션을 이용해 레디스를 이용한 세션 저장소를 활성화합니다.

```
@SpringBootApplication
@EnableRedisHttpSession
```

```
public class MyApplication {
  public static void main(String[] args) {
    SpringApplication.run(MyApplication.class, args);
  }
}
```

이처럼 세션을 레디스와 같은 메모리 저장소에 저장하는 구성은 대부분의 프레임워크에서 단순하게 사용할 수 있습니다. 그리고 서버의 숫자와 요청의 라우팅 경로를 고려하지 않고도 세션의 모든 기능을 사용할 수 있기에 대부분의 환경에서 선호되는 구성입니다. 다만 대부분의 요청이 세션 정보를 필요로 하기 때문에 다수의 서버에 많은 요청이 몰릴 경우 세션 저장소에 대한 부하가 집중되어 전체적인 성능 저하를 유발할 수도 있습니다.

대부분의 메모리 저장소는 충분한 부하를 감당할 수 있는 성능을 가지고 있습니다. 하지만 구성하는 시스템의 스케일이 커지는 경우 하나의 세션 저장소에 모든 세션 정보를 집중하는 것보다는 세션 저장소 역시 클러스터링 혹은 복제 설정 등을 통해서 부하를 분산할 수 있는 구조로 설치하는 것을 고려해야 합니다.

7.4 네임스페이스를 이용하여 개발환경 구분하기

쿠버네티스가 가지는 장점 중 하나는 클러스터의 자원을 유연하게 여러 애플리케이션에 할당하면서 사용할 수 있다는 점입니다. 쿠버네티스 자체를 운용하기 위한 마스터 노드에 고정적으로 소모되는 자원과 애플리케이션의 롤링 업데이트나 갑작스러운 스케일 업에 대비하기 위한 여유 자원 등을 감안하면 하나의 클러스터에 하나의 애플리케이션만 실행하는 게 낭비일 수 있습니다. 애플리케이션 구동에 필요한 자원보다 훨씬 많은 자원을 준비하게 되기 때문입니다.

따라서 상황에 따라 자원을 유연하게 할당할 수 있는 쿠버네티스의 장점을 활용하기 위해서는 하나의 거대한 클러스터를 만들고 여기에 다양한 애플리케이션을 배포하는 것이 좋습니다.

실제로 쿠버네티스는 최대 5,000개의 워커 노드를 동시에 관리할 수 있으며,

하나의 쿠버네티스 클러스터 위에서 실행되는 파드의 숫자는 수천 개에서 수만 개를 넘어설 수도 있습니다.

만약 모든 애플리케이션이 같은 클러스터에서 실행된다면 각각의 파드, 디플로이먼트, 서비스, 볼륨 등을 관리하는 일이 어려워질 수 있습니다. 예를 들어서 kubectl get pods와 같은 단순한 명령어를 전송했을 때, 수만 개의 결과가 나온다면 원하는 파드의 상태를 한번에 파악하기 어려울 것입니다.

그래서 쿠버네티스는 서로 다른 애플리케이션을 구분하여 관리할 수 있도록 네임스페이스(namespace) 기능을 제공합니다. 네임스페이스는 파드, 디플로이먼트, 서비스 등 애플리케이션을 구동하는 데 필요한 쿠버네티스 오브젝트를 논리적으로 구분해 주는 단위입니다.

이 구분은 오브젝트를 네임스페이스 단위로 격리해 주기 때문에 어떤 네임스페이스에 있는 오브젝트는 다른 네임스페이스에 있는 오브젝트와 상호작용할 수 없습니다. 예를 들어 A 네임스페이스에 위치한 서비스는 B 네임스페이스에 위치한 파드를 대상으로 포함할 수 없습니다.

네임스페이스를 생성하기 위해서는 다음과 같이 네임스페이스를 정의해 줍니다.

코드 7-5 **chapter7/my-namespace.yaml**

```
apiVersion: v1
kind: Namespace
metadata:
  name: my-namespace ❶
```

> ❶ my-namespace라는 이름으로 네임스페이스를 지정합니다.

이후 kubectl apply 명령어를 통해 네임스페이스를 생성할 수 있습니다.

```
$ kubectl apply -f my-namespace.yaml
namespace/my-namespace created
$ kubectl get namespace
NAME              STATUS    AGE
default           Active    1d
my-namespace      Active    10s
...(중략)...
```

네임스페이스를 별도의 명세 없이 명령어만을 이용하여 생성할 수도 있습니다. 네임스페이스는 파드, 서비스, 디플로이먼트 등을 정의하기 이전에 먼저 만들어지는 경우가 있어서 관리자에 의해서 이런 방식으로 먼저 생성되기도 합니다.

```
$ kubectl create namespace my-namespace
namespace/my-namespace created
```

쿠버네티스 오브젝트를 특정 네임스페이스에 소속되도록 하기 위해서는 다음과 같이 명세에 네임스페이스를 정의해 주면 됩니다.

코드 7-6 chapter7/my-pod-03.yaml

```
apiVersion: v1
kind: Pod
metadata:
  name: my-pod
  namespace: my-namespace
spec:
  containers:
...(중략)...
```

네임스페이스가 지정된 파드는 동일하게 kubectl apply 명령어로 생성할 수 있습니다.

```
$ kubectl apply -f my-pod.yaml
pod/my-pod created
```

이렇게 네임스페이스가 지정된 오브젝트와 관련하여 조회, 삭제 등 kubectl 명령어를 이용한 작업을 수행하려면 네임스페이스를 명시해야 합니다.

```
$ kubectl -n my-namespace get pods
NAME       READY    STATUS     RESTARTS    AGE
my-pod     1/1      Running    0           10s
```

오브젝트의 명세나 kubectl 명령어에서 네임스페이스를 생략하면 모두 디폴트(default) 네임스페이스를 대상으로 한 명령으로 간주합니다. 예를 들어서 kubectl get pods 명령어는 kubectl -n default get pods 명령어와 동일합니다.

모든 네임스페이스를 대상으로 명령을 수행하고 싶으면 명령어 끝에 --all-namespaces 인자를 더하면 됩니다.

```
$ kubectl get pods --all-namespace
NAMESPACE     NAME                      READY  STATUS   RESTARTS      AGE
kube-system   coredns-78fcd69978-67r6z  1/1    Running  3 (21h ago)   1d
kube-system   coredns-78fcd69978-8q96z  1/1    Running  3 (21h ago)   1d
kube-system   etcd-docker-desktop       1/1    Running  4 (21h ago)   1d
...(중략)...
```

생성된 네임스페이스는 kubectl delete 명령을 이용해 삭제할 수 있습니다.

```
$ kubectl delete namespace my-namespace
namespace "my-namespace" deleted
```

네임스페이스를 지우면 해당 네임스페이스에 속한 모든 오브젝트가 같이 지워진다는 사실에 유의해야 합니다. 반대로 애플리케이션과 관련된 오브젝트들을 한번에 지워주는 용도로 네임스페이스를 사용할 수도 있습니다.

☑ **네임스페이스의 리소스 할당**

네임스페이스는 기본적으로 오브젝트들을 논리적으로 구분지어 관리를 편하게 해주는 역할을 합니다. 뿐만 아니라 각 네임스페이스가 사용할 수 있는 자원의 상한을 관리해 주는 역할을 수행하기도 하는데, 이러한 제한을 리소스 쿼터(resource quota)라고 합니다.

코드 7-7 **chapter7/my-resource-quota.yaml**

```
apiVersion: v1
kind: ResourceQuota
metadata:
  name: my-resource-quota
  namespace: my-namespace
spec:
  hard: ❶
    requests.cpu: "10"
    requests.memory: 1Gi      ❷
    limits.cpu: "100"
    limits.memory: 200Gi      ❸
```

❶ 아래 리소스 제한이 절대적인 기준임을 명시합니다. 즉, 해당 네임스페이스에 할당

된 자원을 초과하는 파드 스케줄링 요청은 모두 pending 상태에 머물게 됩니다.

❷ 해당 네임스페이스에 생성되는 파드들의 명세에 명시된 리소스 요청(request)의 합계가 가질 수 있는 최대치를 정의합니다.

❸ 해당 네임스페이스에 생성된 파드가 명세에 명시된 리소스 제한(limits)의 최대치를 정의합니다.

이렇게 리소스를 제한하면 특정 네임스페이스에 배치된 파드가 지나치게 많은 자원을 요청하거나 소모하여 다른 네임스페이스에 부적절한 영향을 주는 것을 방지할 수 있습니다. 이러한 제한은 소규모 개발팀에서는 크게 중요하지 않을 수 있지만, 클러스터의 규모가 커지고 관리하는 조직이 많아질수록 필요성이 늘어날 수 있습니다.

8장

쿠버네티스 기반 배치 프로그램의 실행과 관리

배치 프로그램이란 대량의 데이터나 계산을 일괄 처리하기 위해 별도로 작성되어 실행하는 프로그램을 의미합니다. 지금까지 우리가 주로 관심을 가졌던 프로그램은 서버가 항상 실행 중이며 사용자나 다른 시스템의 요청을 받아서 일정한 처리를 한 뒤 결과를 응답으로 돌려주는 형태였습니다. 이에 비해 배치 프로그램은 작업이 필요할 때 실행되었다가 작업이 끝나면 프로세스가 종료되는 특징을 가지고 있습니다.

이러한 특성 때문에 배치 프로그램은 대부분 오랜 시간이 걸리며 자원을 많이 사용하는 작업을 처리할 때 많이 사용합니다. 그렇기에 배치 프로그램은 시스템의 매우 중요한 기능을 담당하고 있는 경우가 많습니다.

하지만 쿠버네티스 환경에서 컨테이너를 이용해 배치 프로그램을 돌리고자 하는 시도는 현장에서 크게 환영 받지 못했습니다. 컨테이너를 이용해서 배치 프로그램을 돌렸을 때 얻을 수 있는 이점이 뚜렷하지 않았으며, 배치 프로그램은 대부분 굉장히 중요한 역할을 수행하고 있기에 굳이 기존 환경에서 새로운 환경으로 이주하면서 위험을 감수할 필요가 없었기 때문입니다. 하지만 쿠버네티스를 이용하여 배치 프로그램을 돌리는 것은 관리 포인트의 감소, 자원의 효율적인 활용, 수행 기록의 체계적인 관리 등 다양한 장점을 가지고 있기도 합니다.

쿠버네티스의 장점을 제대로 누리려면 서버 프로그램을 개발할 때부터 쿠버네티스 환경을 염두에 두어야 했습니다. 배치 프로그램 역시 쿠버네티스가 작업을 어떻게 관리하고 실행하는지에 대해 이해해야 쿠버네티스의 장점을 최대한 가져올 수 있습니다.

이번 장에서는 쿠버네티스에서 배치 프로그램을 정의하고 실행하는 방법과 더 나아가서 배치 프로그램을 개발할 때 어떤 점들을 고려하면 좋은지 알아보겠습니다.

8.1 쿠버네티스 잡을 이용한 프로세스 정의와 실행

쿠버네티스의 잡(job)은 파드가 어떤 작업을 수행한 뒤 종료될 수 있도록 해주는 오브젝트입니다. 파드를 실행하고 관리한다는 점에서 잡은 디플로이먼트와 비슷한 부분이 있습니다. 하지만 디플로이먼트는 파드가 지속해서 실행상태를 유지하도록 만들어 준다면 잡은 파드가 성공적으로 종료하는 것을 목표로 한다는 차이가 있습니다. 따라서 잡을 정의하기 위해서는 먼저 필요한 작업을 수행하는 파드를 준비해야 합니다.

여기서는 이해를 돕기 위해서 단순히 60초 동안 숫자를 카운트하는 파이썬 프로그램을 작성하겠습니다.

코드 8-1 **chapter8/main.py**

```python
from time import sleep

def main():
    for i in range(0, 60):
        print(i, flush=True)   ❶
        sleep(1)

main()
```

❶ 도커를 이용해 프로그램을 실행할 경우 출력 내용이 버퍼에 머물러 있을 수 있으므로 flush=True를 덧붙여서 내용이 바로 바로 출력되도록 해 줍니다.

해당 프로그램은 다음과 같이 Dockerfile을 정의하여 간단하게 컨테이너로 만들 수 있습니다.

코드 8-2 **chapter8/Dockerfile**

```
FROM python:3
COPY main.py main.py
CMD ["python","main.py"]
```

해당 컨테이너 정의를 my-batch:1.0.0이라는 이름을 가진 이미지로 빌드해 보 겠습니다.

```
$ docker build -t my-batch:1.0.0 .
[+] Building 2.3s (7/7) FINISHED
=> [internal] load build definition from Dockerfile
0.0s
...(중략)...
=> => naming to docker.io/library/my-batch:1.0.0
0.0s
```

이후 해당 이미지를 실행해 보면 의도했던 것처럼 프로세스가 60초간 실행 후 종료되는 것을 확인할 수 있습니다.

```
$ docker run my-batch:1.0.0
0
1
2
...(중략)...
59
```

실제로 이런 작업을 수행하는 배치 프로그램을 작성하는 경우는 거의 없겠지 만, 대부분의 배치 프로그램은 이와 유사하게 코드를 순차적으로 실행한 뒤 별 다른 문제가 없다면 그대로 종료하는 구조로 되어 있습니다.

　개발자들의 뿌리 깊은 관행에 따라 프로그램의 종료 코드(exit code)가 0이 면 성공적인 종료, 0이 아니면 프로그램 수행 중 무언가 문제가 있었음을 의미 합니다. 그리고 대부분의 프로그램 언어는 종료 코드를 명시하지 않으면 성공 적인 종료로 간주하고 운영체제에 종료 코드를 0으로 보고합니다.

　해당 프로그램이 my-batch:1.0.0이라는 이름의 컨테이너로 만들어졌다고 가 정하면, 쿠버네티스 잡은 다음과 같은 명세로 정의할 수 있습니다.

코드 8-3 **chapter8/my-batch.yaml**

```
apiVersion: batch/v1
kind: Job
metadata:
  name: my-job
spec:
  template:
    spec:
      containers:
      - name: my-batch-program      ❶
          image: my-batch:1.0.0
      restartPolicy: Never
```

❶ 배치 프로그램 형태로 실행할 파드 명세를 정의해 줍니다. 해당 파드는 작업을 완료한 후 종료되는 형태로 만들어져야 합니다.

이후 해당 잡을 kubectl apply 명령어를 이용해 쿠버네티스 클러스터에 적용하겠습니다.

```
$ kubectl apply -f my-batch.yaml
job.batch/my-job created
```

해당 잡의 상태는 kubectl get jobs 명령어를 이용해 조회할 수 있습니다.

```
$ kubectl get jobs
NAME       COMPLETIONS   DURATION   AGE
my-job     0/1           10s        10s
```

여기서 나타나는 COMPLETIONS은 종료된 작업의 숫자를 의미합니다. 현재 1개의 잡이 실행 중이고 아직 종료되지 않았으므로 0/1로 표시됩니다. 앞에서 언급했던 것처럼 잡은 특정한 작업을 수행할 파드를 실행해 주는 역할을 하므로 kubectl get pods 명령어를 이용하여 실제 작업을 수행하는 파드를 확인할 수 있습니다.

```
$ kubectl get pods
NAME              READY   STATUS    RESTARTS   AGE
my-job--1-wdr2h   1/1     Running   0          20s
```

작업이 종료되기를 기다렸다가 60초 후 상태를 다시 조회해 보면 다음과 같이 주어진 역할을 모두 완료한 잡과 파드를 확인할 수 있습니다.

```
$ kubectl get jobs
NAME       COMPLETIONS   DURATION   AGE
my-job     1/1           61s        70s
$ kubectl get pods
NAME               READY   STATUS      RESTARTS   AGE
my-job--1-wdr2h    0/1     Completed   0          70s
```

수행한 작업이 실패하여 정상적으로 종료되지 않았다면 어떻게 될까요? 디플로이먼트를 이용해 파드를 실행했다면 해당 오류를 일으킨 파드가 종료된 뒤 다시 새로운 파드가 실행되는 것이라고 쉽게 예측할 수 있습니다. 잡의 경우에도 동작이 크게 다르지는 않습니다.

이를 확인하기 위해 다음과 같이 프로그램이 반드시 실패하도록 변경한 뒤 이미지를 다시 빌드하여 잡으로 실행해 보겠습니다.

코드 8-4 **chapter8/main-02.py**

```
...(중략)...
    for i in range(0, 10):
        print(i, flush=True)
        sleep(1)
    exit(1)  ❶
```

❶ 프로그램이 10초의 루프 뒤에 종료 코드 1과 함께 종료하도록 변경했습니다.

해당 잡을 실행하고 10초를 기다린 뒤 상태를 조회해 보면 다음과 같이 잡이 계속 파드를 재실행하는 모습을 확인할 수 있습니다.

```
$ kubectl get jobs
NAME       COMPLETIONS   DURATION   AGE
my-job     0/1           15s        15s
$ kubectl get pods
NAME               READY   STATUS    RESTARTS   AGE
my-job--1-m82sl    0/1     Error     0          14s
my-job--1-w9jl5    1/1     Running   0          3s
```

쿠버네티스가 파드를 다시 생성해서 작업을 수행하는 방식은 디플로이먼트와 약간 다릅니다. 특히나 오랜 시간을 두고 파드가 실패하고 재생성되는 모습을 지켜보면 이 부분이 분명하게 드러납니다.

```
$ kubectl get pods
NAME              READY   STATUS   RESTARTS   AGE
my-job--1-52csh   0/1     Error    0          8m22s
my-job--1-dx4pn   0/1     Error    0          22s
my-job--1-gthnv   0/1     Error    0          5m42s
my-job--1-m82sl   0/1     Error    0          9m55s
my-job--1-q54zc   0/1     Error    0          9m2s
my-job--1-tjk5k   0/1     Error    0          9m22s
my-job--1-w9jl5   0/1     Error    0          9m44s
```

최초에 생성된 파드부터 AGE를 자세히 살펴보면 파드의 생성 시점 사이의 간격이 계속 늘어나는 것을 확인할 수 있습니다. 이는 실패한 작업을 재실행할 때 기다리는 시간을 배수로 늘려 가는 전략을 사용한 것입니다. 잡의 경우 이 간격은 6분을 넘지 않는 선에서 두 배씩 늘어나도록 정의되어 있습니다.

이렇게 잡이 실패한 파드를 재실행하는 횟수는 따로 명시하지 않을 경우 기본 설정에서 최대 6번으로 제한됩니다. 따라서 앞에서 정의한 것처럼 항상 실패하는 파드를 작업으로 정의했다면 파드는 최초 생성된 파드 1개와 재시도로 실행된 파드 6개까지 총 7개가 생성됩니다.

만약 잡이 실패한 파드를 재실행하는 횟수를 제한하고 싶다면 다음과 같이 잡의 명세에 backoffLimit을 추가하면 됩니다.

코드 8-5 **chapter8/my-batch-02.yaml**

```
...(중략)...
spec:
  template:
    spec:
      containers:
      - name: my-batch-program
          image: my-batch:1.0.0
      restartPolicy: Never
  backoffLimit: 2  ❶
```

❶ 파드의 재생성을 최대 2회로 제한합니다. 0으로 지정할 경우 실패한 파드를 재생성하지 않습니다.

파드의 재실행을 제한하는 또 다른 방법은 횟수가 아닌 시간으로 제한하도록 정의하는 것입니다. 이때는 잡의 명세에 activeDeadlineSeconds를 정의해 주면 됩니다.

코드 8-6 **chapter8/my-batch-03.yaml**

```
...(중략)...
spec:
  template:
    spec:
      containers:
      - name: my-batch-program
        image: my-batch:1.0.0
        restartPolicy: Never
      activeDeadlineSeconds: 300  ❶
```

❶ 잡 생성 후 300초까지 파드를 재생성합니다.

activeDeadlineSeconds는 잡이 생성된 후 지정된 시간까지만 파드를 재생성하고 그 이후에는 파드를 재생성하지 않습니다. 필요한 경우 backoffLimit와 같이 명시하여 파드의 재실행 횟수와 시간을 모두 제한할 수도 있습니다. 두 속성이 같이 정의된 경우 activeDeadlineSeconds가 우선으로 적용됩니다. 즉, activeDeadlineSeconds에 정의한 시간에 도달했을 경우 backoffLimit가 남아 있더라도 파드의 생성을 중단합니다.

이렇게 실패한 파드의 재실행을 적절한 수준에서 제한해 주면, 실패한 배치 작업이 계속 재실행되면서 클러스터의 자원을 점유하는 것을 방지할 수 있습니다. 이때 backoffLimit 혹은 activeDeadlineSeconds의 제한에 걸려서 더 이상 동작하지 않고 멈춰버린 잡이나 주어진 작업을 성공적으로 완료하여 끝난 잡을 조회해 보면 해당 잡과 연관된 파드가 종료되지 않고 계속 남아 있는 것을 확인할 수 있습니다.

```
$ kubectl get jobs
NAME       COMPLETIONS   DURATION   AGE
my-job     0/1           100m       100m
$ kubectl get pods
NAME                READY   STATUS    RESTARTS    AGE
my-job--1-4kvw4     0/1     Error     0           100m
my-job--1-jx4ml     0/1     Error     0           100m
my-job--1-x9b7p     0/1     Error     0           100m
```

이렇게 잡과 파드가 남아 있는 것은, 디플로이먼트나 서비스가 명시적으로 삭제하기 전까지는 클러스터에 계속 남아 있는 것과 마찬가지로 자연스러운 동작입니다. 특히나 오류가 발생한 파드의 상태와 로그를 계속 확인할 수 있기 때문에 유용하기도 합니다.

하지만 배치 프로그램이 주어진 작업을 수행한 뒤 종료되고 일반적으로 이 과정을 계속 반복한다는 것을 생각하면 우리가 정의한 잡은 성공 혹은 실패한 후 클러스터에서 삭제돼야 자연스러울 것처럼 느껴지기도 합니다. 이러한 경우 잡에 ttlSecondsAfterFinished를 정의해서 잡이 종료 후 삭제되도록 할 수 있습니다.

코드 8-7 **chapter8/my-batch-04.yaml**

```
...(중략)...
spec:
  template:
    spec:
      containers:
      - name: my-batch-program
          image: my-batch:1.0.0
        restartPolicy: Never
  ttlSecondsAfterFinished: 30  ❶
```

> ❶ 잡이 성공 혹은 실패한 뒤 30초 후에 종료되도록 정의합니다. 0으로 지정하면 잡은 즉시 삭제됩니다.

잡이 성공 혹은 실패한 뒤 30초를 기다렸다가 리소스를 확인해 보면 생성했던 잡, 그리고 연관된 모든 파드가 삭제된 것을 확인할 수 있습니다.

```
$ kubectl get jobs
No resources found in default namespace.
$ kubectl get pods
No resources found in default namespace.
```

8.2 배치 프로그램을 병렬로 실행하기

배치 프로그램을 작성할 때 모든 작업을 한번에 처리하지는 않는 경우가 종종 있습니다. 예를 들어서 배치 프로그램이 실행되는 시점에 작업 대상이 100건

이라고 하면 그중 10건만 처리한 뒤 종료하고, 다시 해당 프로그램을 실행해서 10건을 추가로 처리하는 과정을 반복하는 것입니다.

특정 배치 프로그램의 실행이 너무 길어지면 시스템의 리소스를 오랫동안 점유하게 되어 다른 배치 프로그램의 실행에 영향을 줄 수 있습니다. 또 배치 프로그램의 처리량이 많아지면 데이터에 따라 어떤 작업은 성공하고 어떤 작업은 실패할 수 있기 때문에 트랜잭션 처리를 세심하게 하지 못할 경우 전체 작업이 롤백(rollback)될 위험성이 커지기도 합니다. 따라서 어떤 배치 프로그램들은 이러한 위험을 줄이기 위해 작업을 소수의 단위로 묶거나 하나의 작업만 대상으로 처리하는 형태로 작성하기도 합니다.

이렇게 대상 작업을 분할해서 처리하고자 하는 경우 동일한 배치 프로그램을 여러 번 반복하여 실행해야 합니다. 쿠버네티스 잡의 경우 이러한 반복을 completions 항목을 통해 정의할 수 있습니다.

코드 8-8 **chapter8/my-batch-05.yaml**

```
...(중략)...
  spec:
    containers:
    - name: my-batch-program
      image: my-batch:1.0.0
    restartPolicy: Never
  completions: 5   ❶
```

> ❶ 배치 프로그램이 5번 성공할 때까지 실행합니다.

이후 해당 잡을 클러스터에 적용해 보면 다음과 같이 COMPLETIONS 항목에서 전체 작업의 진행 현황을 확인할 수 있습니다.

```
$ kubectl apply -f my-batch.yaml
job.batch/my-job created
$ kubectl get jobs
NAME       COMPLETIONS   DURATION   AGE
my-job     1/5           100s       100s
```

작업을 수행하다가 일부 작업이 실패한다면 어떻게 될까요? 이를 확인하기 위해서 배치 프로그램을 다음과 같이 일정한 확률로 실패하도록 변경하겠습니다.

코드 8-9 **chapter8/main-03.py**

```python
from time import sleep
from random import random

def main():
    for i in range(0, 10):
        print(i, flush=True)
        sleep(1)
    if random() > 0.7:
        exit(1)
```

해당 컨테이너를 completions: 5 설정으로 돌려 보면 다음과 같이 실패한 작업을 제외하고 5번의 작업이 성공할 때까지 반복해서 배치 프로그램을 실행한 것을 확인할 수 있습니다.

```
$ kubectl get jobs
NAME      COMPLETIONS   DURATION   AGE
my-job    5/5                      67s        79s
$ kubectl get pods
NAME               READY   STATUS      RESTARTS   AGE
my-job--1-78z6n    0/1     Completed   0          36s
my-job--1-8g8kz    0/1     Error       0          81s
my-job--1-dvfch    0/1     Completed   0          69s
my-job--1-lcjrs    0/1     Completed   0          47s
my-job--1-plc48    0/1     Completed   0          25s
my-job--1-ql5l8    0/1     Completed   0          58s
```

각 파드의 AGE[1] 항목이 일정한 간격을 가지고 있는 것에서 알 수 있듯이 각각의 파드는 한번에 하나씩 순차적으로 실행됩니다. 배치 프로그램으로는 매우 자연스러운 동작입니다.

만약 5개의 배치 프로그램을 한번에 돌린다면 시스템의 자원도 5개의 배치 프로그램을 동시에 실행할 수 있을 만큼 넉넉하게 준비해 두어야 합니다. 한번 실행되면 종료되지 않고 계속 자원을 점유하는 서버 프로그램과 달리 배치 프로그램은 일정 시간만 실행하며 자원을 소모하고 이후 사용한 자원을 반납합니다. 따라서 5개의 배치 프로그램을 동시에 실행하기 위해서 5배의 자원을 준비하고 대부분의 시간 동안 이 자원을 쓰지 않고 낭비하는 것보다는 배치 프

---

1 AGE에 표시되는 값은 파드가 생성된 이후 현재까지 경과된 시간을 의미합니다.

로그램을 순차적으로 실행하는 것이 훨씬 효율적입니다.

하지만 쿠버네티스에서 배치 프로그램을 실행할 때는 조금 다르게 생각해 볼 수 있습니다. 쿠버네티스 클러스터는 기본적으로 많은 자원을 확보하고 있는 경우가 대부분입니다. 일정한 수준의 여유 자원을 가지고 있어야 파드의 스케일 아웃이나 롤링 업데이트 등 일시적으로 자원을 소모하는 작업을 원활하게 수행할 수 있기 때문입니다. 따라서 많은 쿠버네티스 클러스터들은 배치 프로그램을 병렬로 실행하기에 충분한 자원을 가지고 있습니다.

쿠버네티스의 잡은 간단하게 *parallelism* 설정을 통해 파드를 병렬로 실행할 수 있도록 지원하고 있습니다.

코드 8-10 **chapter8/my-batch-06.yaml**

```
...(중략)...
spec:
  template:
    spec:
      containers:
      - name: my-batch-program
        image: my-batch:1.0.0
      restartPolicy: Never
  completions: 5
  parallelism: 2  ❶
```

　❶ 동시에 최대 2개의 파드가 같이 실행할 수 있도록 정의합니다.

이후 해당 잡을 적용해 보면 다음과 같이 파드가 동시에 2개씩 생성되며 작업을 처리하는 것을 확인할 수 있습니다.

```
$ kubectl get pods
NAME                READY   STATUS      RESTARTS   AGE
my-job--1-2jshv     0/1     Completed   0          16s
my-job--1-kqxq6     1/1     Running     0          5s
my-job--1-qmq4p     0/1     Completed   0          16s
my-job--1-sxvnj     1/1     Running     0          5s
$ kubectl get jobs
NAME     COMPLETIONS   DURATION   AGE
my-job   2/5           20s        20s
```

이러한 병렬 실행은 배치 프로그램의 수행 속도를 높여 주면서 동시에 클러스터의 유휴 자원을 효율적으로 사용할 수 있게 해 주기 때문에 어느 정도 규모가 있는 쿠버네티스 클러스터를 운영하는 현장에서 유용하게 활용할 수 있습니다.

하지만 모든 배치 프로그램이 병렬 수행으로 효율을 높일 수 있는 것은 아닙니다. 많은 배치 프로그램이 병렬 실행을 염두에 두고 작성되어 있지 않기 때문에 원하는 대로 동작하지 않을 수도 있습니다. 대표적으로 배치 프로그램이 사용하는 자원에 락(lock)을 거는 경우를 생각해 볼 수 있습니다.

예를 들어 어떤 배치 프로그램은 테이블에 대량의 데이터를 추가하거나 수정하는 작업을 수행하기 때문에 트랜잭션 처리를 위해서 다른 프로세스가 같은 테이블을 동시에 수정하지 못하도록 테이블 락을 걸 수 있습니다. 이 경우 여러 파드가 동시에 실행되더라도 실제 작업은 순차적으로 처리되기에 병렬 처리의 장점을 충분히 활용할 수 없습니다.

반대로 공유 자원의 사용에 별다른 제약을 걸지 않아서 경쟁 조건(race condition)이 발생하는 경우도 있을 수 있습니다. 두 개 이상의 배치 프로그램이 동시에 같은 자원의 데이터를 가져오고 업데이트하는 과정에서 잘못된 계산 결과를 도출하는 경우입니다. 이러한 오류를 방지하기 위해서 공유 자원의 사용에 락을 걸게 되면 앞에서 언급한 것처럼 제대로 병렬 처리를 수행하지 못합니다.

반대로 프로그램의 효율을 위해 락을 거는 과정을 생략한 배치 프로그램이 존재할 수도 있습니다. 일반적으로 배치 프로그램은 병렬 처리되는 것을 고려하지 않고 만들어지는 경우가 많기 때문입니다. 이러한 배치 프로그램이 병렬 실행될 경우 시스템에 큰 오류를 불러올 수도 있습니다.

따라서 쿠버네티스에서 배치 프로그램을 병렬로 수행하기 위해서는 프로그램 자체가 이러한 상황을 인지하고 병렬 처리를 고려하는 형태로 작성해야 합니다. 작업 대상이 중복되지 않도록 분배하는 것, 작업이 서로 독립적으로 실행되도록 하는 것, 중간에 오류가 발생했을 때 작업 대상이 다른 파드에 할당될 수 있도록 상태를 복구하는 것 등 많은 요소를 고려할 필요가 있습니다. 그래서 일반적으로는 작업을 독립적으로 수행할 수 있으면서 공유 자원을 사용하는 부분을 최대한 줄일 수 있는 배치 프로그램들을 병렬 처리 대상으로 생각하는 것이 좋습니다.

8.3 일정한 주기에 맞추어 배치 프로그램 돌리기

사용하는 목적에 따라 다르지만 많은 배치 프로그램들은 일정한 주기를 가지고 실행하는 것을 전제로 작성되는 경우가 많습니다. 예를 들어서 어떤 배치 프로그램은 1분에 한 번씩 실행되며, 어떤 배치 프로그램은 하루에 한 번씩, 어떤 배치 프로그램은 매주 금요일 새벽 3시에, 어떤 배치 프로그램은 한 달에 한 번씩 실행되어 필요한 작업을 수행하는 것입니다. 이런 스케줄을 관리하기 위해서 별도의 배치 스케줄러 프로그램을 사용하기도 하고, 크론탭(crontab)을 사용하여 간단하게 스케줄을 정의하기도 합니다.

쿠버네티스에서는 이렇게 일정한 주기에 맞춰 잡을 실행하고자 하는 요구 사항을 충족시키기 위해 크론잡(CronJob)이라는 오브젝트를 제공하고 있습니다. 크론잡은 앞에서 알아본 잡을 크론 스케줄(cron schedule) 규격에 맞춰 실행해 줍니다.

코드 8-11 **chapter8/my-cronjob.yaml**

```
apiVersion: batch/v1
kind: CronJob
metadata:
  name: my-cronjob
spec:
  schedule: "* * * * *"   ❶
  jobTemplate:
    spec:
      template:
        spec:
          containers:            ❷
          - name: my-batch-program
            image: my-batch:1.0.0
          restartPolicy: Never
```

❶ 크론 양식에 맞춰 스케줄을 정의합니다.

❷ 여기에 잡의 명세를 정의합니다.

스케줄 표기는 일반적으로 사용되는 크론 표현식을 그대로 사용합니다. 따라서 앞에서부터 분, 시, 일, 월, 요일을 나타내는 5개의 문자로 정의됩니다. *로 표시할 경우 매분, 매시, 매일, 매월, 모든 요일에 실행한다는 의미를 가집니다.

❶에서 * * * * *로 정의된 스케줄은 작업을 1분에 한 번씩 실행하라는 의미를 가집니다. 만약 스케줄을 30 8 * * *와 같이 지정한다면 매일 8시 30분에 해당 작업을 실행한다는 의미를 가지게 될 것입니다. 더 자세한 내용은 man crontab과 같은 명령어를 통해 확인할 수 있는 크론 표현식에 대한 매뉴얼을 참고하는 것이 좋습니다.

작성한 크론잡을 정의한 뒤 결과를 확인해 보면 다음과 같이 매 분마다 잡을 생성하여 수행하는 것을 확인할 수 있습니다.

```
$ kubectl apply -f my-cronjob.yaml
cronjob.batch/my-cronjob created
$ kubectl get cronjob
NAME          SCHEDULE      SUSPEND   ACTIVE   LAST SCHEDULE   AGE
my-cronjob    * * * * *     False     1        0s              10m
& kubectl get jobs
NAME                    COMPLETIONS   DURATION   AGE
my-cronjob-27568486     1/1           22s        3m4s
my-cronjob-27568487     1/1           11s        2m4s
my-cronjob-27568488     1/1           11s        64s
my-cronjob-27568489     0/1           4s         4s
```

크론잡은 오래된 작업을 삭제하여 너무 많은 작업이 클러스터에 남아 있지 않도록 조정합니다. 이는 다음과 같이 명세에 별도로 명시해 줄 수 있습니다.

코드 8-12 **chapter8/my-cronjob-02.yaml**

```
...(중략)...
spec:
  schedule: "* * * * *"
  successfulJobsHistoryLimit: 5    ❶
  failedJobsHistoryLimit: 0        ❷
...(중략)...
```

> ❶ 성공한 작업을 5개까지 유지하고 넘어가면 오래된 작업부터 삭제합니다.
>
> ❷ 실패한 작업은 즉시 삭제하여 클러스터에 남아 있지 않도록 합니다.

크론잡에 의해 실행된 작업이 지정된 스케줄보다 오래 걸리는 경우가 있습니다. 그러면 아직 실행 중인 작업이 있는데도 새로운 잡을 실행해야 합니다. 예를 들어서 1분에 한 번씩 잡을 실행하도록 정의했는데, 하나의 잡이 2~3분씩 걸리는 경우입니다. 이럴 때는 크론잡의 명세에 어떤 정책을 설정해 주었냐에 따라서 다른 동작이 취해집니다. 예를 들어서 실행 중인 작업에 영향을 주지 않고 스케줄을 건너뛰고 싶을 경우 다음과 같이 설정할 수 있습니다.

```
...(중략)...
spec:
  schedule: "* * * * *"
  concurrencyPolicy: Forbid  ❶
...(중략)...
```

> ❶ 선행 작업이 아직 진행 중인 경우 새로운 잡을 생성하지 않고 스케줄을 건너뜁니다.

concurrencyPolicy에 Allow를 지정할 경우 크론잡은 선행 작업과 상관없이 스케줄에 맞춰서 후속 작업을 생성합니다. 이 경우 동시에 여러 개의 작업이 실행될 수 있으므로 병렬 처리되는 케이스가 발생할 수 있음을 생각해야 합니다.

Allow는 크론잡의 기본 설정이기도 합니다. 정책을 Replace로 정의한 경우 크론잡은 이전에 실행 중이던 잡을 종료시키고 새로운 잡을 생성합니다. 이는 잡이 스케줄 내에 끝나지 못할 정도로 오랫동안 실행되는 경우를 비정상적인 상황으로 판단하여 해당 잡을 종료하고 새로운 잡을 실행하려는 의도를 담고 있습니다.

이 경우 배치 프로그램이 병렬로 실행되는 상황은 발생하지 않지만, 진행 중인 작업 프로세스가 불시에 중단되어 버리는 케이스이므로 새롭게 생성된 잡이 이전 잡이 처리하지 못한 일을 커버할 수 있도록 기존에 수행하던 작업을 롤백 처리할 수 있도록 신경 써야 합니다.

9장

애플리케이션을 쿠버네티스에 배포하기

배포란 만들어진 애플리케이션을 목표한 환경에 설치하고 실행하는 과정을 의미합니다. 개발자가 애플리케이션의 배포 과정에 신경을 써야 되는가라는 질문에 대한 명확한 답은 없습니다. 규모가 작은 개발팀이라면 '개발자가 직접 배포를 하지 않으면 누가 해?'라고 반문할 수도 있고, 규모가 큰 회사에서 일하는 개발자라면 자신의 의무는 소스코드 저장소에 코드를 커밋(commit)하는 것까지이며, 그 이후 과정은 신경 쓰고 싶지 않다고 생각할 수도 있습니다.

최근에는 배포를 쉽게 만들어주는 다양한 배포 도구들이 등장하고, 클라우드와 쿠버네티스 같이 개발자들이 접근하기 쉬운 환경이 준비되었습니다. 이를 통해 개발과 운영을 하나의 팀에서 모두 담당하는 데브옵스(DevOps) 문화가 발달하기 시작했습니다. 이러한 추세에서는 개발자들이 직접 배포를 담당하거나 배포 과정에 대해 어느 정도 이해하면서 애플리케이션을 배포 환경에 적합한 구조로 만들어 내는 것이 점점 중요해집니다.

과거의 애플리케이션 배포는 단순히 애플리케이션을 실행해 주는 바이너리를 교체하기 위해서 빌드된 애플리케이션을 복사한 뒤, 기존 애플리케이션을 종료하고 새로운 애플리케이션을 실행하는 과정으로 끝나는 경우가 많았습니다.

그런데 최근에는 애플리케이션이 다양한 마이크로서비스로 분할해 실행하는 경우가 많기 때문에 관리해야 하는 오브젝트들도 많아졌습니다. 특히 쿠버네티스를 활용하여 애플리케이션을 배포한다면, 과정이 더 복잡해질 수 있습니다. 애플리케이션을 실행할 때 사용되는 파드뿐만이 아니라 서비스, 볼륨, 컨피그맵 등 애플리케이션을 실행할 때 필요한 다양한 오브젝트들을 모두 같이 배포하여 적용해야 하기 때문입니다.

이 장에서는 쿠버네티스를 이용해 애플리케이션을 배포하는 몇 가지 방법에 대해서 알아봅니다. 그리고 복잡해질 수 있는 배포 과정을 효율적으로 처리할 수 있는 방법에 대해서도 살펴봅니다.

9.1 직접 애플리케이션을 배포하고 관리하기

애플리케이션을 쿠버네티스에 배포하는 가장 쉬운 방법은 애플리케이션을 실행할 때 필요한 디플로이먼트, 볼륨, 서비스 등을 생성하여 kubectl apply 명령어로 클러스터에 적용하는 것입니다.

이러한 방식을 이용하면 빌드 및 배포를 위한 별도의 서버를 구성하지 않아도 개발자가 자신의 PC에서 배포를 수행할 수 있습니다. 따라서 소규모의 팀 혹은 본격적으로 환경이 구성되지 않은 프로젝트에서 애플리케이션을 배포하기에 적합한 방식입니다.

9.1.1 애플리케이션의 배포 및 관리

수작업으로 애플리케이션을 배포하는 과정은 간단히 다음과 같이 필요한 오브젝트를 직접 클러스터에 kubectl apply 명령을 이용해 적용하는 과정으로 표현할 수 있습니다.

```
$ kubectl apply -f my-pv.yaml
persistentvolume/my-pv001 created
$ kubectl apply -f my-deploy.yaml
deployment.apps/my-deploy created
$ kubectl apply -f my-service.yaml
service/user-service created
$ kubectl apply -f my-ingress.yaml
ingress.networking.k8s.io/my-ingress created
```

만약 배포한 애플리케이션을 제거하고 싶다면 각각의 오브젝트를 하나씩 지워
야 합니다.

```
$ kubectl delete ingress my-ingress
ingress.networking.k8s.io "my-ingress" deleted
$ kubectl delete service my-service
service "my-service" deleted
...(중략)...
```

이러한 불편함을 줄이기 위해서 배포되는 애플리케이션의 오브젝트들은 되도
록 독립된 네임스페이스를 가지도록 구성하는 것이 좋습니다.[1] 어떤 애플리케
이션과 관련한 오브젝트가 독립된 네임스페이스를 가지는 경우 다른 애플리케
이션에 영향을 주지 않으면서 네임스페이스에 위치한 모든 오브젝트를 한번에
삭제할 수 있습니다.

```
$ kubectl delete all --all -n my-app ❶
pod "my-deploy-55bdcfd8f6-2c8mf" deleted
pod "my-deploy-55bdcfd8f6-h998c" deleted
service "my-service" deleted
deployment.apps "my-deploy" deleted
```

❶ my-app 네임스페이스에 위치한 모든 오브젝트를 삭제합니다. 7장에서 알아본 것처럼 네
　임스페이스 자체를 삭제하는 방법을 사용할 수도 있습니다.

반대로 애플리케이션과 관련한 오브젝트를 따로 배포하는 것이 아니라 한번에
배포하고 싶을 수도 있습니다. 이때는 하이픈 3개를 구분자로 이용해 여러 파
일을 하나로 결합할 수 있는 yaml 파일의 문법으로 오브젝트들을 통합하면 편
합니다.

코드 9-1 chapter9/my-app.yaml

```
apiVersion: v1
kind: Namespace
metadata:
  name: my-app
---
apiVersion: apps/v1
```

1　네임스페이스를 활용하는 방법에 대해서는 7장에서 다루었습니다.

```
kind: Deployment
metadata:
  name: my-deploy
  namespace: my-app
spec:
...(중략)...
---
apiVersion: v1
kind: Service
metadata:
  name: my-service
  namespace: my-app
spec:
...(중략)...
```

이후 해당 파일을 kubectl apply 명령어의 대상으로 지정해 여러 오브젝트를 한번에 배포할 수 있습니다.

```
$ kubectl apply -f my-app.yaml
namespace/my-app created
deployment.apps/my-deploy created
service/my-service created
```

이때 주의할 점은 명시된 오브젝트들은 파일에 기재된 순서대로 생성된다는 것입니다. 쿠버네티스의 오브젝트들은 생성 순서를 크게 따지지 않는 경우가 많지만, 어떤 오브젝트의 경우 순서가 중요할 수 있습니다. 네임스페이스는 자신에게 소속된 다른 오브젝트보다 먼저 생성되어야 합니다. 예를 들어 코드 9-1에서 네임스페이스를 가장 나중에 기재했다면 다음과 같이 생성에 실패합니다. 오브젝트들이 명세에 정의된 네임스페이스를 찾지 못하기 때문입니다.

```
$ kubectl apply -f my-app.yaml
namespace/my-app created
Error from server (NotFound): error when creating "my-app.yaml":
    namespaces "my-app" not found
Error from server (NotFound): error when creating "my-app.yaml":
    namespaces "my-app" not found
```

오브젝트를 한번에 배포하는 다른 방법으로 kubectl apply -f 명령어의 대상으로 디렉터리를 지정할 수 있습니다. 이렇게 하면 애플리케이션과 관련된 yaml 파일을 각각 분리하여 관리하면서도 하나의 명령어로 배포가 가능합니다.

```
$ ls my-app
my-deploy.yaml    my-service.yaml
$ kubectl apply -f my-app
deployment.apps/my-deploy created
service/my-service created
```

디렉터리를 지정하여 오브젝트를 한번에 배포하는 경우 오브젝트의 생성 순서를 제어할 수는 없습니다.

하지만 네임스페이스를 제외한 대부분의 쿠버네티스 오브젝트들은 생성 순서에 크게 영향을 받지 않습니다. 그래서 이 방식을 사용할 때는 네임스페이스를 사전에 생성한 뒤, 생성 순서가 중요하지 않은 오브젝트들의 명세를 하나의 디렉터리에서 관리하는 형태로 사용하는 것이 좋습니다.

예를 들어서 my-app 네임스페이스를 미리 생성하고 my-app 네임스페이스에 속하는 명세들은 모두 my-app 디렉터리 내에 저장합니다. 그리고 해당 디렉터리 단위로 kubectl apply 명령어를 사용하면 됩니다.

만약 해당 디렉터리 내에 있는 많은 파일 중 하나의 파일만 변경되었다고 하더라도 디렉터리 단위로 kubectl apply 명령어를 주는 것은 문제가 되지 않습니다. 쿠버네티스는 디렉터리 내의 yaml 파일들 중 명세가 변경된 파일만 클러스터에 적용해 줍니다. 예를 들어서 디플로이먼트의 replicas만 변경한 뒤 해당 디렉터리 전체를 kubectl apply 명령을 통해 클러스터에 반영하면 다음과 같이 변경된 오브젝트만 적용되는 것을 확인할 수 있습니다.

```
$ kubectl apply -f my-app
deployment.apps/my-deploy configured
service/my-service unchanged ❶
```

> ❶ 서비스는 디플로이먼트의 명세 변경에 영향을 받지 않으므로 그대로 유지됩니다.

9.1.2 오브젝트의 명세 파일들을 관리하는 방법

지금까지의 과정을 살펴보면 쿠버네티스에 애플리케이션을 배포하고 유지보수하는 것은 그 애플리케이션에 맞는 명세의 yaml 파일을 정의하고, 이를

kubectl apply 명령을 통해 쿠버네티스 클러스터에 적용하는 과정의 반복이라고 생각할 수 있습니다.

이때 배포에 사용한 yaml 명세 파일을 잘 보존하는 것이 중요합니다. 오브젝트를 삭제했다가 다시 배포하는 경우나 일부 명세를 조금 바꿔서 클러스터에 적용하는 과정에 필요하기 때문입니다.

예를 들어서 디플로이먼트에서 사용하는 파드 컨테이너의 버전만 바꿔서 다시 적용하려고 할 때를 생각해 보겠습니다. 만약 디플로이먼트를 배포할 때 사용한 명세 파일이 없다면 현재 디플로이먼트의 모든 명세를 처음부터 다시 작성해야 합니다.

이때 기존 명세를 기억에 의존하여 다시 작성하는 것은 쉽지 않습니다. 그리고 다시 작성한 명세가 현재 적용된 디플로이먼트의 명세와 다르거나 누락된 부분이 생긴다면 잘못된 디플로이먼트가 배포되어 애플리케이션이 정상 동작하지 않을 수도 있습니다.

원본 파일이 사라지거나 모호해지는 일은 특히 소규모 팀에서 yaml 파일만 이용해서 애플리케이션을 배포하고 관리할 때 자주 일어납니다. yaml 파일이 각 개발자의 PC에만 있고 현재 클러스터에 적용된 최신 명세가 공유되지 않을 경우 불일치가 발생하여 의도하지 않은 오브젝트가 배포될 수 있습니다.

다음 그림은 명세가 제대로 공유되지 않은 경우 발생할 수 있는 오류 상황의 한 가지 예를 나타낸 것입니다.

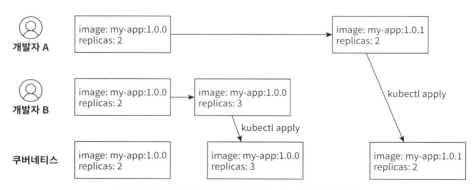

그림 9-1 명세 파일 관리에 실패하여 오브젝트가 롤백되는 경우

그림과 같이 개발자 B가 디플로이먼트의 replicas를 3으로 변경하고 이를 동료들에게 공유하지 않는다면 개발자 A가 가지고 있는 디플로이먼트의 명세는 여전히 replicas가 2로 명시된 파일입니다. 이때 개발자 A가 이 명세 파일 수정하여 디플로이먼트의 버전을 올린다면 replicas가 다시 2로 돌아가게 되어 개발자 B의 변경은 취소됩니다. 이는 현장에서 자주 발생하는 실수인데 상황에 따라서 치명적인 오류를 유발할 수도 있습니다.

이런 문제를 해결하기 위해서 권장되는 방법은 쿠버네티스 클러스터에 적용되는 yaml 파일들의 집합을 버전 컨트롤이 가능한 저장소에서 관리하는 것입니다. 대표적으로 Git을 사용하는 것입니다.

개발자들은 클러스터에 적용된 명세가 변경되었을 경우 이를 모든 사람이 공유할 수 있도록 특정 저장소에서 명세 파일을 관리하고, 이후 다시 클러스터에 변경된 명세를 적용하기 전에 저장소에서 최신 명세파일을 받은 뒤 그 기반으로 작업을 수행합니다.

하지만 저장소에서 관리되고 있는 명세가 항상 클러스터에 적용된 오브젝트의 최신 명세와 일치한다고 보장할 수는 없습니다. 대표적으로 오브젝트의 명세를 수정해서 클러스터에 반영한 뒤 저장소에 커밋하지 않는 경우를 생각할 수 있습니다. 또는 다음과 같이 명세 파일을 수정하지 않고 오브젝트를 직접 수정하는 경우도 생각할 수 있습니다.

```
$ kubectl scale --replicas=1 deployment/my-deploy
deployment.apps/my-deploy scaled
```

혹은 kubectl edit 명령어를 이용하여 명세를 직접 수정하고 바로 클러스터에 반영할 수도 있습니다.

```
$ kubectl edit service my-service
# Please edit the object below.
# Lines beginning with a '#' will be ignored,
# and an empty file will abort the edit.
# If an error occurs while saving this file will be
# reopened with the relevant failures.
#
apiVersion: v1
```

```
kind: Service
...(중략)...
<37/6l_26lv50sv9gn0610p751c80000gn/T/kubectl-edit-2549414643.yaml" 33L, 1009B
```

이렇게 kubectl edit 명령을 이용하여 명세를 수정하고 저장하면 변경된 명세가 바로 클러스터에 적용됩니다. 이러한 방식은 변경을 추적하기 어렵기에 일반적으로 권장되는 방법은 아니지만, 워낙 간편하고 빠르기 때문에 종종 사용됩니다.

이렇게 yaml 파일의 변경 없이 클러스터에 배포된 오브젝트를 직접 변경할 수 있다는 점은 저장소 혹은 PC에서 관리하는 yaml 파일이 최신 명세를 담고 있는지 확인하기 어렵게 만듭니다. 이렇게 변경을 추적하기 어려워질 경우 관리되고 있는 yaml 파일을 수정해서 클러스터에 적용하면 기존에 적용된 명세 중 일부가 되돌아갈 위험성이 있습니다. 그래서 계속 kubectl edit와 같이 현재 명세를 기반으로 일부 명세를 수정하는 명령어를 사용할 수밖에 없고 이렇게 되면 애플리케이션 오브젝트를 체계적으로 배포하기도 어려워집니다.

이런 경우를 방지하기 위해 현재 클러스터에 배포된 오브젝트를 기준으로 다시 yaml 파일을 생성할 수 있습니다. 이를 위해 kubectl get 명령어에 출력 형태를 yaml 형식으로 지정하는 –o yaml 인자를 붙여서 실행합니다.

```
$ kubectl get service my-service -o yaml
apiVersion: v1
kind: Service
metadata:
  creationTimestamp: "2022-06-06T13:19:55Z"
  name: my-service
  namespace: my-app
  resourceVersion: "2542776"
  uid: 380f75e0-2dd1-4d2a-8b4d-b4730bf94c54
...(중략)...
```

다만 이렇게 생성된 yaml 파일은 기존 명세에서 생략된 디폴트값과 메타데이터 등을 모두 담고 있기 때문에 다소 복잡하고 길어질 수 있습니다. 이런 메타데이터는 오브젝트의 명세 자체에는 영향을 주지 않으나 관리와 유지보수를 위해서는 삭제한 뒤 저장소에 커밋하는 것이 좋습니다. 대표적으로 metadata

항목에 있는 resourceVersion, uid, selfLink, creationTimestamp, annotations, generation, ownerReferences 등이 관리에 필요하지 않은 항목입니다.

이렇게 클러스터에 반영된 오브젝트를 기반으로 다시 명세 파일을 생성하여 저장소에 커밋하면 관리를 벗어나서 무질서한 상태가 된 애플리케이션 오브젝트들을 다시 한번 관리가 가능한 상태로 만들 수 있습니다. 이러한 방법을 응용하면 클러스터 내의 특정 네임스페이스 내에 생성된 모든 오브젝트를 명세 파일로 변환하여 현재 상태를 백업하는 용도로 사용할 수도 있습니다.

```
$ kubectl get all -n my-app -o yaml
apiVersion: v1
items:
- apiVersion: v1
  kind: Pod
  metadata:
    creationTimestamp: "2022-06-06T13:19:55Z"
    generateName: my-deploy-55bdcfd8f6-
    labels:
      app: this-is-my-app
      pod-template-hash: 55bdcfd8f6
...(중략)...
```

하지만 이렇게 생성된 yaml 파일은 디플로이먼트에 의하여 자동으로 생성된 파드나 레플리카셋에 관한 정의까지 모두 담고 있기에 이를 기반으로 다시 오브젝트를 생성하기에는 적합하지 않습니다.

이를 방지하기 위해서 kubectl get all 명령이 아닌 kubectl get deployments, services, ingress와 같이 실제로 적용된 특정 오브젝트만 지정하여 파일로 백업할 수 있습니다. 하지만 이렇게 백업된 파일은 여전히 현재 배포된 오브젝트에 대한 메타데이터 등을 담고 있기 때문에 내용을 정리하지 않을 경우 이를 기반으로 다시 오브젝트를 생성하는 것이 쉽지 않을 수 있습니다.

따라서 이렇게 백업한 명세 파일은 현재 클러스터 상태에 대한 스냅샷을 기록해 두는 용도로 사용하면서 다른 백업 수단을 통한 복구가 실패했을 때 사용할 수 있는 원천 데이터의 의미로 저장하고 사용하는 것이 좋습니다.

☑ 불필요한 메타데이터를 자동으로 정리해 주는 명령어

kubectl get 명령을 통해 생성된 yaml 파일에서 불필요한 데이터들은 하나씩 보면서 직접 지워줄 수도 있지만 명령어를 통해 자동으로 제거할 수도 있습니다. 오브젝트의 종류에 따라서 생성되는 파일의 형태가 달라지기 때문에 하나의 명령으로 통일하기는 어렵지만, 예를 들어 디플로이먼트 파일의 경우 다음 명령어를 사용하여 불필요한 내용을 삭제할 수 있습니다.

```
$ kubectl get deployments my-deploy -o yaml | yq eval 'del(.metadata.
resourceVersion, .metadata.uid, .metadata.annotations, .metadata.
generation, .metadata.creationTimestamp, .metadata.selfLink,
.metadata.managedFields, .status)'
apiVersion: apps/v1
kind: Deployment
metadata:
  name: my-deploy
  namespace: default
spec:
  progressDeadlineSeconds: 600
  replicas: 1
  revisionHistoryLimit: 10
...(중략)...
```

간혹 이러한 불필요한 데이터를 정리하는 명령어로 kubectl get deployments my-deploy -o yaml --export와 같이 --export 인자를 붙이라는 설명을 찾을 수 있는데, 해당 명령어는 최신 버전의 쿠버네티스에서 지원이 종료되었습니다.

대안으로 쿠버네티스 플러그인 중 하나인 kubectl-neat를 사용하는 방법이 있습니다. kubectl-neat를 설치하기 위해서는 쿠버네티스 플러그인 관리자인 Krew를 먼저 설치해야 하는데, 이 설치 방법은 *https://krew.sigs.k8s.io*에서 확인할 수 있습니다.

```
$ kubectl krew install neat
Updated the local copy of plugin index.
Installing plugin: neat
Installed plugin: neat
...(중략)...
```

이후 출력하는 양식에 kubectl neat 명령을 연결하여 정리된 yaml 파일을 출력할 수 있습니다.

```
$ kubectl get deploy my-deploy -o yaml | kubectl neat
apiVersion: apps/v1
kind: Deployment
metadata:
  annotations:
    deployment.kubernetes.io/revision: "1"
  name: my-deploy
  namespace: default
...(중략)...
```

kubectl-neat는 모든 오브젝트에 대해서 필수적인 항목을 제외한 나머지 항목들을 정리
하여 주기 때문에 사용하기 편리합니다. 더 자세한 사용법은 kubectl-neat의 저장소인
*https://github.com/itaysk/kubectl-neat*에서 확인할 수 있습니다.

9.2 커스터마이즈를 이용해 환경별 오브젝트 관리하기

많은 경우 오브젝트들은 환경에 따라 다른 명세를 가집니다. 예를 들어서 디플
로이먼트는 개발 중에는 2개의 레플리카를 가져도 충분하지만, 운영 중인 환경
에서는 최소 4개는 있어야 트래픽을 감당할 수 있을 수 있습니다.

이런 문제를 해결하기 위한 가장 쉬운 방법은 환경에 따라 다른 명세를 정의
하여 별도의 파일로 관리하는 것입니다. 이런 경우 다음과 같이 개발을 위한
환경에 배포할 디플로이먼트의 명세를 정의할 수 있습니다.

코드 9-2 **chapter9/my-deploy.yaml**

```
apiVersion: apps/v1
kind: Deployment
metadata:
  name: my-deploy
spec:
  replicas: 2
...(중략)...
```

그리고 운영을 위한 환경에 적용할 디플로이먼트를 별도의 명세로 정의할 수
있습니다.

코드 9-3 **chapter9/my-deploy-02.yaml**

```
apiVersion: apps/v1
kind: Deployment
metadata:
  name: my-deploy
spec:
  replicas: 4
...(중략)...
```

이러한 방식은 직관적이지만 효율적이지 못합니다. 정의된 명세 중 replicas 와 같은 항목은 환경에 따라 달라질 수 있지만 대부분의 항목은 서로 동일한 값을 가집니다. 이때 만약 공통으로 사용하는 명세 중 일부가 변경된다면 환경 별로 나누어서 관리하는 모든 명세 파일을 한번에 업데이트해야 하는 어려움 이 생깁니다.

9.2.1 환경별 명세 관리를 위한 커스터마이즈의 기본 구조

커스터마이즈(Kustomize)는 이러한 문제를 해결하기 위한 오브젝트 관리 도구 로 각각의 명세에서 공통이 되는 부분과 환경별로 달라지는 부분을 분리하여 관리할 수 있게 해 줍니다. 이를 위해서 다음과 같이 디플로이먼트와 서비스로 이루어진 기본적인 명세 파일들을 정의하겠습니다.

코드 9-4 **chapter9/base/my-deploy.yaml**

```
apiVersion: apps/v1
kind: Deployment
metadata:
  name: my-deploy
spec:
  replicas: 2
  strategy:
    type: RollingUpdate
  selector:
    matchLabels:
      app: this-is-my-app
  template:
    metadata:
      labels:
        app: this-is-my-app
    spec:
```

```
    containers:
    - name: my-app
      image: my-app:1.0.0
      ports:
      - containerPort: 8080
```

코드 9-5 **chapter9/base/my-service.yaml**

```
apiVersion: v1
kind: Service
metadata:
  name: my-service
spec:
  selector:
    app: this-is-my-app
  ports:
  - protocol: TCP
    port: 3000
    targetPort: 8080
```

그리고 커스터마이즈 설정을 위한 kustomization.yaml 파일을 다음과 같이 정
의해 줍니다.

코드 9-6 **chapter9/base/kustomization.yaml**

```
apiVersion: kustomize.config.k8s.io/v1beta1
kind: Kustomization
resources:
- my-service.yaml    ❶
- my-deploy.yaml
```

❶ 커스터마이즈를 이용해 관리할 오브젝트 파일명들을 적어 줍니다.

이렇게 작성한 my-deploy.yaml, my-service.yaml, kustomization.yaml 파일을
하나의 디렉터리에 모아둡니다. 환경별로 정의될 명세의 기본이 될 파일이기
때문에 base라는 이름을 가진 디렉터리에 모아두는 것이 관례입니다.

이후 환경별로 달라지는 부분들을 별도의 디렉터리에 정의합니다. 이러한
부분들은 base에 정의된 파일의 일부를 변경해 준다는 의미에서 일반적으로
overlays 디렉터리의 하위에서 관리됩니다. 예를 들어서 개발환경의 명세는
overlays/dev 디렉터리에 저장할 수 있습니다.

코드 9-7 **chapter9/overlays/dev/kustomization.yaml**

```
namespace: dev     ❶
namePrefix: dev-   ❷
resources:
- ../../base            ❸
patchesStrategicMerge:  ❹
- my-deploy.yaml
```

> ❶ 이 디렉터리에 속한 오브젝트들이 공통으로 사용할 네임스페이스를 dev로 정의합니다.
>
> ❷ 이 디렉터리를 기반으로 생성되는 오브젝트들의 이름 앞에 붙일 단어를 정의합니다.
> nameSuffix 속성을 이용하면 오브젝트 이름 뒤에 붙을 단어를 정의할 수도 있습니다.
>
> ❸ 기본이 되는 명세 파일들의 위치를 지정했습니다.
>
> ❹ 아래 파일들은 기본 명세 파일과 비교하여 다른 부분들을 병합합니다.

코드 9-7 **chapter9/overlays/dev/my-deploy.yaml**

```
apiVersion: apps/v1
kind: Deployment
metadata:
  name: my-deploy
spec:
  replicas: 1   ❶
```

> ❶ 개발계에서는 replicas를 1로 지정하여 하나의 파드만 생성되도록 합니다.

같은 방식으로 운영계 환경을 위한 명세를 다음과 같이 overlays/prod 디렉터리에 정의해 줄 수 있습니다.

코드 9-8 **chapter9/overlays/prod/kustomization.yaml**

```
namespace: prod
namePrefix: prod-
resources:
- ../../base
patchesStrategicMerge:
- my-deploy.yaml
```

코드 9-9 **chapter9/overlays/prod/my-deploy.yaml**

```
apiVersion: apps/v1
kind: Deployment
metadata:
  name: my-deploy
```

```
spec:
  replicas: 4 ❶
```

> ❶ 운영계에선 replicas를 4로 지정하여 4개의 파드가 생성되도록 합니다.

이렇게 정의한 디렉터리와 파일들은 다음과 같이 구성됩니다.

```
$ tree .
├── base
│   ├── kustomization.yaml
│   ├── my-deploy.yaml
│   └── my-service.yaml
└── overlays
    ├── dev
    │   ├── kustomization.yaml
    │   └── my-deploy.yaml
    └── prod
        ├── kustomization.yaml
        └── my-deploy.yaml
```

이후 kubectl kustomize 명령을 통해 환경별로 어떤 오브젝트가 생성되는지 확인할 수 있습니다.

```
$ kubectl kustomize overlays/dev
apiVersion: apps/v1
kind: Deployment
metadata:
  name: dev-my-deploy
  namespace: dev
spec:
  replicas: 1
...(중략)...
```

여기서 my-service.yaml 파일은 dev 디렉터리에서 별도로 재정의하지 않았으므로 base 디렉터리에 정의한 명세에 네임스페이스만 재지정되어 출력되었습니다. my-deployment.yaml 파일의 경우 base에서 정의한 2개의 replicas가 아닌 dev 디렉터리에서 재정의한 1개의 replicas로 정의되었음을 알 수 있습니다. 또한 각 오브젝트의 이름에 dev-라는 전치사가 붙은 것도 확인할 수 있습니다.

이렇게 생성한 파일을 다시 yaml 파일로 저장하여 쿠버네티스에 적용할 수도 있지만 다음과 같이 kubectl apply -k 명령어로 커스터마이즈로 조합된 결과를 쿠버네티스 클러스터에 바로 적용할 수도 있습니다.

```
$ kubectl apply -k overlays/dev  ❶
service/dev-my-service created
deployment.apps/dev-my-deploy configured
```

> ❶ overlays/dev 디렉터리를 기준으로 정의된 오브젝트들을 클러스터에 적용합니다.

만약 생성되는 각각의 오브젝트에 공통으로 지정해야 하는 속성이 있다면 kustomization.yaml 파일에 다음과 같이 공통 속성을 지정해 줄 수 있습니다. 이는 환경과 상관없이 모든 오브젝트에 공통으로 정의되는 속성이라면 base 디렉터리에 정의할 수도 있으며, 특정 환경에서만 공통으로 지정되는 속성이라면 앞에서 namespace를 지정해 준 것처럼 각 환경별 kustomization.yaml 파일에 지정해 줄 수도 있습니다. 여기서는 base 디렉터리에 공통 속성을 정의해 보겠습니다.

코드 9-10 **chapter9/base/kustomization-02.yaml**

```
apiVersion: kustomize.config.k8s.io/v1beta1
kind: Kustomization
resources:
- my-service.yaml
- my-deploy.yaml
commonLabels:
  tier: backend           ❶
commonAnnotations:
  deploy-with: kustomize ❷
```

> ❶ 모든 오브젝트의 메타데이터와 셀렉터에 공통으로 tier: backend라는 라벨을 정의합니다.
>
> ❷ 모든 오브젝트의 메타데이터에 deploy-with: kustomize라는 애너테이션을 붙입니다. 애너테이션은 주석과 같은 역할을 하는 속성으로 일반적으로 오브젝트의 동작과는 무관하고 해당 오브젝트를 참조하는 사람 혹은 외부 소프트웨어들을 위해 정의합니다.

이후 kubectl kustomize 명령을 통해 다음과 같이 공통 속성을 포함한 명세를 만들어 내어 공통 속성이 모든 오브젝트 및 템플릿의 메타데이터 및 셀렉터에 추가된 것을 확인할 수 있습니다.

```
$ kubectl kustomize overlays/dev
apiVersion: v1
kind: Service
metadata:
  annotations:
    deploy-with: kustomize
  labels:
    tier: backend
  name: dev-my-service
  namespace: dev
spec:
  selector:
    app: this-is-my-app
    tier: backend
...(중략)...
---
apiVersion: apps/v1
kind: Deployment
metadata:
  annotations:
    deploy-with: kustomize
  labels:
    tier: backend
  name: dev-my-deploy
  namespace: dev
spec:
  selector:
    matchLabels:
      app: this-is-my-app
      tier: backend
  template:
    metadata:
      annotations:
        deploy-with: kustomize
      labels:
        app: this-is-my-app
        tier: backend
...(중략)...
```

9.2.2 컨피그맵 제너레이터와 시크릿 제너레이터

환경에 따라 달라질 수 있는 많은 속성은 대부분 컨피그맵 혹은 시크릿에 정의됩니다. 여기에는 실행되는 애플리케이션의 프로필, 데이터베이스의 위치와 비밀번호, 사용하는 API의 키와 같은 값들이 있을 수 있습니다.

이러한 속성들 역시 각각의 명세 파일로 정의한 뒤 병합하여 사용할 수 있지만 커스터마이즈에서는 컨피그맵 제너레이터와 시크릿 제너레이터라는 조금 더 편리한 기능을 제공합니다.

이 기능을 사용해 보기 위해 개발계의 애플리케이션 구동에 필요한 환경 변수를 다음과 같이 정의하고 overlays/dev 디렉터리에 dev.env라는 파일로 저장합니다.

```
SPRING_PROFILES_ACTIVE=dev
DB_HOST=10.0.1.10
DB_PORT=3306
```

같은 형태로 overlays/prod 디렉터리에도 운영계 설정에 맞는 환경변수들을 정의할 수 있습니다. 이렇게 저장한 환경변수는 다음과 같이 overlays/dev 디렉터리 내의 kustomization.yaml 파일에 컨피그맵 제너레이터 설정을 통해 컨피그맵으로 변환할 수 있습니다.

코드 9-11 **chapter9/overlays/dev/kustomization-02.yaml**

```
...(중략)...
configMapGenerator:
- name: app-config
  envs:
  - dev.env
```

이렇게 생성된 컨피그맵은 충돌을 피하기 위해 app-config-kt27k5hmff와 같은 임의의 이름으로 생성됩니다. 하지만 이를 디플로이먼트 등에서 참조할 때는 컨피그맵에서 정의해준 app-config라는 이름을 그대로 사용하면 됩니다.

코드 9-12 **chapter9/overlays/base/my-deploy-03.yaml**

```
...(중략)...
    spec:
      containers:
      - name: my-app
        image: my-app:1.0.2
        ports:
        - containerPort: 8080
        envFrom:
```

```
    - configMapRef:
      name: app-config ❶
```

❶ 컨피그맵 제너레이터에서 만들어낸 컨피그맵을 컨테이너의 환경변수로 사용합니다.

이후 kubectl kustomize 명령을 통해 환경변수가 컨피그맵으로 변환되고, 이를 디플로이먼트에서 참조하는 모습을 확인할 수 있습니다.

```
$ kubectl kustomize overlays/dev
apiVersion: v1
data:
  DB_HOST: 10.0.1.10
  DB_PORT: "3306"
  SPRING_PROFILES_ACTIVE: dev
kind: ConfigMap
metadata:
  name: dev-app-config-kt27k5hmff ❶
  namespace: dev
...(중략)...
    spec:
      containers:
      - envFrom:
        - configMapRef:
            name: dev-app-config-kt27k5hmff ❷
```

❶ 컨피그맵이 임의의 이름으로 생성되었습니다.

❷ 임의의 이름으로 생성된 컨피그맵을 참조하도록 속성이 재정의되었습니다.

이렇게 커스터마이즈를 이용하면 비교적 직관적으로 각각의 환경에 맞춰서 오브젝트를 생성하고 관리할 수 있습니다. 특히 애플리케이션의 배포 환경이 명확히 구분된 경우에는 환경별로 바뀌는 부분만 재정의하며 관리할 수 있어 매우 효율적입니다. 또한, 기존의 오브젝트 정의를 그대로 사용할 수 있기에 수작업으로 관리되던 명세 파일들을 체계적으로 관리하려 할 때 쉽게 접근할 수 있는 방법입니다.

반면에 애플리케이션의 배포 환경이 명확히 구분되어 있지 않은 경우 혹은 환경별로 명세 정의가 완전히 달라져서 훨씬 더 복잡한 템플릿 기반의 처리가 필요한 경우에는 커스터마이즈를 사용하는 것이 적합하지 않을 수 있습니다. 따라서 커스터마이즈의 적용은 비교적 정형화된 배포 환경을 가지고 있는 경우에 고려하면 좋습니다.

9.3 헬름을 이용하여 복잡한 배포 환경에 대응하기

애플리케이션을 쿠버네티스에 배포한다는 말은 애플리케이션의 실행에 필요한 모든 오브젝트를 쿠버네티스에 설치한다는 의미를 지닙니다.

단순한 애플리케이션의 경우 하나에서 두 개 정도의 파드와 서비스, 컨피그맵 정도로도 실행이 가능하지만 일반적인 애플리케이션은 훨씬 더 많은 숫자의 파드와 서비스, 볼륨, 컨피그맵 등이 필요합니다. 그렇기 때문에 내가 만든 애플리케이션을 다른 사람들이 쿠버네티스 클러스터에 자유롭게 설치하여 사용할 수 있게 만든다고 하면, 수 개에서 수십 개의 yaml 파일을 묶어서 압축한 뒤 전달해야 할 것입니다.

애플리케이션을 이렇게 배포하는 방식은 몇 가지 문제를 가지고 있습니다. 그중 대표적인 문제는 애플리케이션의 버전이 올라가거나 패치가 추가되었을 때 대응이 너무 어렵다는 점입니다. 사용자들은 애플리케이션의 새 버전이 나왔는지 계속 체크해야 하며, 변경이 생겼을 경우 변경이 생긴 오브젝트, 그리고 이에 영향을 받는 오브젝트 등을 식별하여 다시 쿠버네티스에 적용해야 합니다. 만약 오브젝트를 일부 수정이라도 했다면 매우 번거로운 일이 됩니다.

또 다른 문제는 애플리케이션의 명세 파일은 이를 사용하는 형태에 따라서 달라질 수 있다는 점입니다. 예를 들어서 같은 애플리케이션이라도 개발 환경과 같이 신뢰성보다는 효율성이 중요한 경우에는 하나의 인스턴스를 이용해 작업을 수행할 수도 있습니다. 운영 환경과 같이 신뢰성과 성능이 중요한 경우에는 여러 개의 인스턴스를 클러스터링(clustering)해서 실행하고 싶을 수도 있습니다. 이렇게 애플리케이션을 실행하는 형태가 바뀌었을 때 명세 파일은 디플로이먼트, 서비스, 컨피그맵 등의 여러 부분에서 상황에 따라 달라져야 하는데, 이를 사전에 명세를 고정하여 사용하는 yaml 파일로 처리하기는 쉽지 않습니다.

쿠버네티스를 사용하지 않던 시절에도 개발자들은 비슷한 문제를 겪었고, 이를 해결하기 위해서 다양한 패키지 매니저(package manager) 프로그램을 사용했습니다. 패키지 매니저는 애플리케이션이나 라이브러리를 하나의 단위로 설치하고 실행하도록 관리해주는 프로그램을 말합니다. 이러한 프로그램에는 메이븐(maven), 그레이들(gradle), npm, pip와 같이 특정 프로그래밍 언어

로 개발을 할 때 자주 사용되는 도구들도 있으며 apt, yum, 홈브루(homebrew)
와 같이 특정 운영체제에서 널리 사용되는 도구들도 있습니다.

쿠버네티스 역시 이러한 용도로 사용하는 패키지 매니저 프로그램이 몇 개
있는데, 이 중 가장 널리 사용되는 프로그램이 바로 헬름(helm)입니다.

9.3.1 헬름 설치법

헬름은 쿠버네티스에서 애플리케이션을 설치하고 배포하기 위한 사실상의 표
준에 가까운 도구이지만, 커스터마이즈와 다르게 별도의 설치 과정이 필요합
니다. 다행히도 설치는 매우 간단하여 운영체제에 맞는 패키지 매니저를 통해
다음과 같이 한번에 처리할 수 있습니다.[2]

```
$ brew install helm
==> Downloading https://ghcr.io/v2/homebrew/core/helm/manifests/3.9.0
...(중략)...
==> Summary
🍺  /opt/homebrew/Cellar/helm/3.9.0: 64 files, 47.3MB
$ helm version
version.BuildInfo{Version:"v3.9.0",
                GitCommit:"7ceeda6c585217a19a1131663d8cd1f7d641b2a7",
                GitTreeState:"clean", GoVersion:"go1.18.2"}
```

헬름이 설치할 애플리케이션들은 인터넷에 공개된 여러 저장소에서 참조할
수 있습니다. 헬름은 애플리케이션을 배포, 설치하기 위한 패키지 단위를 차트
(chart)라고 지칭하기 때문에, 이러한 저장소를 차트 저장소(chart repository)
라고 부릅니다.

대표적으로 많이 사용하는 차트 저장소는 비트나미(bitnami)에서 제공하는
저장소로 일반적으로 많이 사용되는 애플리케이션들에 대해 신뢰할 수 있는
차트를 제공합니다.

```
$ helm repo add bitnami https://charts.bitnami.com/bitnami
"bitnami" has been added to your repositories
```

---

2 다양한 운영체제에 맞는 설치 방법은 헬름의 설치 가이드 페이지인 *https://helm.sh/docs/intro/
install/*에서 더 자세히 알아볼 수 있습니다.

```
$ helm repo list
NAME      URL
bitnami   https://charts.bitnami.com/bitnami
```

추가한 저장소에 원하는 차트가 있는지 검색하려면 helm search repo 명령을
사용합니다.

```
$ helm search repo mysql  ❶
NAME                    CHART VERSION   APP VERSION   DESCRIPTION
bitnami/mysql           9.1.7           8.0.29        MySQL is a fast, reliable,    ...(중략)...
bitnami/phpmyadmin      10.1.9          5.2.0         phpMyAdmin is a free software ...(중략)...
bitnami/mariadb         11.0.13         10.6.8        MariaDB is an open source,    ...(중략)...
bitnami/mariadb-galera  7.3.5           10.6.8        MariaDB Galera is a multi-    ...(중략)...
```

> ❶ 헬름에 추가한 저장소 중 mysql과 관련 있는 차트를 검색합니다.

필요에 따라서는 특정 저장소가 아니라 모든 저장소에서 원하는 차트를 검색
하고 싶을 수도 있습니다. 이 경우 아티팩트 허브(ArtifactHUB)를 이용하여 검
색할 수 있습니다.

```
$ helm search hub mysql
URL                            CHART VERSION   APP VERSION   DESCRIPTION
https://artifacthub.io/...(중략)...  5.0.1        8.0.16       Chart to create a Highly
                                                             available MySQL cluster
https://artifacthub.io/...(중략)...  1.0.6                     mysql chart that runs
                                                             on kubernetes
...(중략)...
```

다만 이 경우 너무 많은 차트가 검색되어 어떤 차트가 신뢰성이 높으며, 어떤
차트가 많이 사용되고 있는지 알아보기 어렵습니다. 이럴 때는 아티팩트 허브
의 사이트인 *https://artifacthub.io/*에 직접 접속하여 차트를 검색하는 것이 편
합니다.

9.3.2 헬름으로 애플리케이션 패키지 설치하기

쿠버네티스에 레디스(redis)를 설치하는 경우를 생각해 보겠습니다. 레디스는
매우 단순한 형태의 애플리케이션이지만 패키지 매니저 없이 설치한다면 복잡
하고 어려운 과정을 거쳐야 합니다. 레디스를 받아서 컨테이너 이미지로 포장

한 뒤, 이를 파드 혹은 디플로이먼트로 정의하고 여기에 맞는 서비스를 정의해야 합니다.

레디스의 데이터를 지속적으로 백업하려고 한다면 여기에 퍼시스턴트 볼륨 설정이 추가되어야 하는데 이를 위해선 퍼시스턴트 볼륨 클레임의 설정도 같이 해 줘야 합니다.

만약 레디스를 클러스터 모드로 실행한다면 이 설정은 훨씬 더 복잡해지는데 이러한 명세를 하나씩 정의해 주는 것은 효율적이지 않습니다. 헬름을 사용하면 다음과 같이 간단하게 레디스를 설치할 수 있습니다.

먼저 차트 저장소에 레디스 차트가 있는지 검색합니다.

```
$ helm search repo redis   ❶
NAME                    CHART VERSION   APP VERSION   DESCRIPTION
bitnami/redis           16.12.2         6.2.7         Redis(R) is an open source, advanced   ...(중략)...  ⎫
bitnami/redis-cluster   7.6.3           6.2.7         Redis(R) is an open source, scalable,  ...(중략)...  ⎬ ❷
                                                                                                        ⎭
```

❶ 추가된 차트 저장소에서 redis와 관련 있는 차트를 검색합니다.

❷ 일반적인 마스터-슬레이브 구조를 가진 레디스 차트와 클러스터 형태로 자료를 분산해서 저장하는 레디스 클러스터 차트 두 가지가 검색되었습니다.

검색 결과에서 CHART VERSION은 레디스를 설치하기 위한 차트의 정의 자체가 현재 어떤 버전인지를 의미하며, APP VERSION은 이 차트가 설치하고자 하는 애플리케이션의 버전을 의미합니다. 이 결과에서 bitnami/redis 차트는 레디스 6.2.7 버전을 설치할 것이며, 이 레디스를 설치하기 위한 차트는 지속적으로 개정되어 현재 16.12.2 버전임을 알 수 있습니다.

이렇게 찾아낸 차트는 helm install 명령어를 통해 설치할 수 있습니다.

```
$ helm install my-redis bitnami/redis --namespace dev   ❶
NAME: my-redis
LAST DEPLOYED: Mon Jun 20 03:15:29 2022
NAMESPACE: dev
STATUS: deployed
REVISION: 1
TEST SUITE: None
NOTES:
CHART NAME: redis
CHART VERSION: 16.12.2
APP VERSION: 6.2.7
...(중략)...
```

❶ 쿠버네티스의 dev 네임스페이스에 my-redis라는 이름을 가진 레디스 오브젝트들을 배포합니다. 만약 이름을 생략하고 싶을 경우 --generate-name 옵션을 주어 이름이 자동 생성되도록 할 수도 있습니다.

이렇게 쿠버네티스 클러스터에 설치된 차트를 헬름에서는 릴리스(release)라고 부릅니다. 여기서는 bitnami/redis 차트를 설치하여 my-redis라는 릴리스를 만들어 냈습니다. 이후 쿠버네티스 클러스터를 살펴보면 레디스의 설치 및 실행과 관련된 모든 오브젝트가 한번에 설치되었음을 알 수 있습니다.

```
$ kubectl get all --namespace dev
NAME                      READY    STATUS     RESTARTS    AGE
pod/my-redis-master-0     1/1      Running    0           83s
pod/my-redis-replicas-0   1/1      Running    0           83s
...(중략)...
NAME                         TYPE         CLUSTER-IP       EXTERNAL-IP    PORT(S)     AGE
service/my-redis-headless    ClusterIP    None             <none>         6379/TCP    83s
service/my-redis-master      ClusterIP    10.97.248.164    <none>         6379/TCP    83s
service/my-redis-replicas    ClusterIP    10.104.88.242    <none>         6379/TCP    83s
...(중략)...
$ kubectl get pv
NAME                                       CAPACITY   ...(중략)...
pvc-380b4707-bae3-408e-91c7-1511695c160c   8Gi        ...(중략)...
...(중략)...
```

이런 과정을 통해서 헬름을 이용하면 쿠버네티스에 내가 사용하기 원하는 애플리케이션을 설치하고 실행하는 과정이 다른 패키지 매니저들을 사용하는 것과 비슷하게 매우 쉽게 이루어짐을 알 수 있습니다. 또한 다음과 같이 helm uninstall 명령을 사용하면 설치된 릴리스와 관련한 오브젝트를 한번에 삭제할 수 있습니다.

```
$ helm list --namespace dev ❶
NAME       NAMESPACE   REVISION   UPDATED
my-redis   dev         1          2022-06-20 ...(중략)...
$ helm    uninstall  my-redis   --namespace dev ❷
release "my-redis" uninstalled
```

❶ dev 네임스페이스에 설치된 릴리스의 목록을 조회합니다.

❷ dev 네임스페이스의 my-redis라는 이름으로 설치된 차트와 관련된 오브젝트를 모두 제거합니다.

9.3.3 애플리케이션을 헬름 차트로 만들어서 배포하기

헬름을 이용하여 원하는 애플리케이션을 쉽게 설치할 수 있다는 말은 다시 말하면 내가 만든 애플리케이션을 다른 사람들이 쉽게 설치할 수 있도록 패키징할 수도 있다는 뜻입니다.

이렇게 패키징한 헬름 차트에는 애플리케이션을 실행하기 위한 파드의 정의뿐만 아니라 파드를 사용하기 위해 구성해야 하는 네트워크, 저장소, 설정 등과 관련된 오브젝트 역시 같이 포함할 수 있습니다. 그러면 내가 만든 애플리케이션을 설치하는 다른 사용자가 차트 이름만 알고 있으면 헬름을 이용해서 애플리케이션을 자신의 클러스터에 쉽게 설치할 수 있습니다. 헬름을 통해 애플리케이션을 설치한 이후에도 차트의 버전을 바꿔 줌으로써 변경된 오브젝트를 한번에 적용할 수도 있습니다.

애플리케이션을 헬름 차트로 만들기 위해서는 정해진 구조에 맞추어서 차트를 정의해 주어야 합니다. 이를 위해 다음과 같이 `helm create` 명령어를 사용합니다.

```
$ helm create my-app
Creating my-app
$ tree my-app
my-app
├── Chart.yaml
├── charts
├── templates
│   ├── NOTES.txt
│   ├── _helpers.tpl
│   ├── deployment.yaml
│   ├── hpa.yaml
│   ├── ingress.yaml
│   ├── service.yaml
│   ├── serviceaccount.yaml
│   └── tests
│       └── test-connection.yaml
└── values.yaml

3 directories, 10 files
```

생성된 차트는 다음과 같은 구성요소를 가지고 있습니다.

- Chart.yaml: 차트의 메타데이터를 가지고 있는 파일로 차트의 이름, 버전, 설명 등을 포함하고 있습니다. 예를 들어서 차트의 내용이 변경되어 수정이 발생한 경우 이 파일에서 버전을 바꿔 주어야 이 차트를 사용하는 사용자들이 새로운 차트를 받아서 설치할 수 있습니다.
- templates: 차트를 만들기 위한 템플릿 파일들이 들어 있는 디렉터리입니다. 일반적으로 템플릿 파일은 쿠버네티스 오브젝트의 명세 파일로 변환되기 때문에 초기에 자동 생성된 템플릿도 모두 deployment.yaml, service.yaml 등 비교적 익숙한 이름을 가지고 있습니다.
- values.yaml: 템플릿 파일과 결합하여 실제로 쿠버네티스 오브젝트 명세를 만들 때 사용하는 값들을 담고 있는 파일입니다. 일반적으로 템플릿 파일은 아주 큰 변화가 아니라면 자주 바뀌지 않도록 고정시키는 것이 중요하며, 변경되는 내용은 values.yaml 파일에 기록하는 것이 좋습니다.
- charts: 이 차트를 실행하기 위해서 다른 차트에 의존성을 가지는 경우 이 디렉터리 아래에 별도의 차트를 저장해 둘 수 있습니다. 이러한 차트를 서브차트(subchart)라고 합니다.

먼저 Chart.yaml 파일을 살펴보고 수정하겠습니다.

코드 9-13 **chapter9/my-app/Chart.yaml**

```
apiVersion: v2                                      ❶
name: my-app                                        ❷
description: My application for kubernetes study    ❸
type: application                                   ❹
version: 1.0.0                                       ❺
appVersion: "1.0.0"                                  ❻
```

❶ 차트의 버전을 명시합니다. 이전 버전의 헬름을 사용해야 한다면 v1을 쓰는 경우도 있지만 일반적으로는 v2를 사용합니다.

❷ 차트의 이름을 의미합니다.

❸ 차트에 대한 설명입니다. 차트의 이름과 설명은 검색에 사용되는 항목이기 때문에 차트에서 설치하고자 하는 애플리케이션을 잘 설명할 수 있는 내용으로 적어 주는 것이 좋습니다.

❹ 차트의 타입을 명시합니다. 독립적으로 설치되어서 실행할 수 있는 일반적인 차트는 모두 application 타입을 가집니다. 만약 다른 차트의 구성에 도움을 주는 차트라면 library

타입을 가질 수 있는데, application 차트 역시 다른 차트의 라이브러리 역할을 수행할 수 있습니다.

❺ 차트의 버전을 명시합니다. 이 버전은 차트의 업데이트 여부 등을 판단할 때 중요한 역할을 합니다. 따라서 차트의 버전은 버전의 선후 관계를 파악할 수 있도록 메이저 버전, 마이너 버전, 패치 버전의 세 가지 숫자를 조합하여 표기하는 유의적 버전2 명세에 맞게 작성되어야 합니다. 유의적 버전에 관한 내용은 공식 사이트인 *https://semver.org/lang/ko/*에서 자세히 확인할 수 있습니다.

❻ 차트가 실행하고자 하는 애플리케이션의 버전을 명시합니다. 기본 생성된 차트 템플릿에서 이 애플리케이션의 버전은 디플로이먼트가 배포할 이미지의 기본 태그로 사용됩니다. 애플리케이션 버전은 유의적 버전 명세를 따를 필요는 없습니다.

Chart.yaml 파일은 차트에 대한 정보를 담고 있으며, 특히 버전 정보를 담고 있기 때문에 자주 수정되는 파일입니다. 만약 차트 내용을 수정하여 배포하였는데 버전 정보를 변경하지 않았다면 그 차트를 사용하던 사용자들은 차트의 업데이트를 인지할 수 없습니다. 만약 차트의 이름을 변경한다면 해당 차트는 새로운 차트로 인식될 것입니다.

templates 디렉터리 내부에 있는 파일들은 values.yaml 파일과 결합하여 쿠버네티스 명세 정의로 만들어집니다. 이 과정을 조금 더 직관적으로 알아보기 위해 먼저 templates 디렉터리 내부의 파일 중 _helpers.tpl, deployment.yaml, service.yaml 파일만 남기고 모두 삭제하겠습니다.

```
$ tree my-app
my-app
├── Chart.yaml
├── charts
├── my-app-1.0.0.tgz
├── templates
│   ├── _helpers.tpl
│   ├── deployment.yaml
│   └── service.yaml
└── values.yaml

2 directories, 6 files
```

그리고 values.yaml 파일을 열어서 필요한 내용들을 작성합니다. helm create 명령어를 이용하여 자동 생성된 values.yaml 파일은 헬름을 처음 사용하는 사람에게는 다소 복잡하게 느껴질 수 있습니다. 여기서는 필요한 내용만 정의하도록 하겠습니다.

코드 9-14 **chapter9/my-app/values.yaml**

```
replicaCount: 2
image:
  repository: my-app   ❶
  pullPolicy: IfNotPresent

serviceAccount:
  create: false

service:
  type: ClusterIP    ❷
  port: 8080

autoscaling:
  enabled: false
```

❶ 차트를 이용해 배포할 애플리케이션의 이미지 명을 적어 줍니다.

❷ 해당 애플리케이션의 파드에 연결할 서비스의 타입과 포트를 명시합니다.

이 values.yaml 파일에서 정의한 내용들이 어떻게 템플릿 파일과 결합하여 우리에게 익숙한 명세 파일로 정의되는지 알아보기 위해 templates 디렉터리 내의 deployment.yaml 파일을 살펴보겠습니다.

코드 9-15 **chapter9/my-app/templates/deployment.yaml**

```
apiVersion: apps/v1
kind: Deployment
metadata:
  name: {{ include "my-app.fullname" . }}              ❶
  labels:
    {{- include "my-app.labels" . | nindent 4 }}   ❷
spec:
  {{- if not .Values.autoscaling.enabled }}   ❸
  replicas: {{ .Values.replicaCount }}          ❹
  {{- end }}
...(중략)...
```

❶ my-app.fullname으로 정의된 값을 여기에 표시합니다. 해당 값은 _helpers.tpl 파일에 정의되어 있습니다.

❷ _helpers.tpl 파일에 정의된 my-app.labels 변수의 값을 여기에 넣습니다. nindent 4
는 해당 값을 넣을 때 시작 부분에 개행 문자를 추가한 뒤 들여쓰기를 4칸 하라는 의미입
니다.

❸ values.yaml 파일의 autoscaling.enabled가 false라면 아래 항목을 추가합니다.

❹ values.yaml 파일의 replicaCount에 정의된 값을 여기에 대체합니다.

deployment.yaml은 템플릿 파일이기 때문에 다소 복잡한 규칙들로 디플로이
먼트를 정의하고 있습니다. 여기서 주목해야 할 점은 values.yaml 파일은 특정
하나의 오브젝트가 아닌 애플리케이션을 실행하기 위한 전체 오브젝트의 명세
를 모두 정의하는 파일이고, 여기에 정의한 내용은 여러 오브젝트에 영향을 준
다는 것입니다.

예를 들어서 values.yaml 파일의 autoscaling.enabled 변수는 이 애플리케이
션을 설치할 때 오토스케일링을 적용할지 여부를 나타내는데, 만약 해당 값이
false라면 디플로이먼트는 replicaCount에 정의된 값을 이용하여 고정 수량의
파드를 유지합니다. 만약 해당 값이 true라면 템플릿의 if 문 내부의 항목들이
적용되지 않기 때문에 결과적으로 replicas 항목 자체가 정의되지 않을 것입
니다.

그리고 이 autoscaling 항목은 helm create 명령을 통해 생성된 기본 템플릿
의 hpa.yaml 파일에도 적용되어 HPA를 생성합니다. 여기서는 오토스케일링을
사용하지 않을 것이기 때문에 hpa.yaml 파일을 삭제하였는데, deployment.yaml
파일도 다음과 같이 단순하게 정리해 줄 수 있습니다.

코드 9-16 **chapter9/my-app/templates/deployment-02.yaml**

```
...(중략)...
spec:
  replicas: {{ .Values.replicaCount }}  ❶
...(중략)...
```

❶ 위아래 if 블록을 제거했기 때문에 이제 replicas는 항상 추가됩니다.

이렇게 차트를 정의했다면 해당 차트를 설치할 수 있는 형태로 패키징할 수 있
습니다. 이를 위해서 Chart.yaml 파일이 있는 디렉터리의 상위 디렉터리에서
다음과 같은 명령을 사용합니다.

```
$ helm package my-app
Successfully packaged chart and saved it to: /Workspace/k8s/my-app-1.0.0.tgz
```

이렇게 생성한 패키지 파일은 다른 차트들과 동일하게 helm install 명령을 이용해 설치할 수 있습니다.

```
$ helm install my-helm-app my-app-1.0.0.tgz
NAME: my-helm-app
LAST DEPLOYED: Sun Jun 26 01:40:48 2022
NAMESPACE: default
STATUS: deployed
REVISION: 1
TEST SUITE: None
```

차트를 설치하기 전에 템플릿이 어떤 형태로 명세 파일로 만들어졌는지 확인하고 싶다면 --dry-run 명령을 이용해 실제로 차트를 설치하지 않고 완성된 명세 파일들을 출력해 볼 수 있습니다.

```
$ helm install my-helm-app my-app-1.0.0.tgz --dry-run
...(중략)...
---
# Source: my-app/templates/service.yaml
apiVersion: v1
kind: Service
metadata:
  name: my-helm-app-my-app
...(중략)...
```

필요한 경우 템플릿과 values.yaml 파일을 수정하여 우리가 원하는 앱에 맞는 형태로 차트를 수정할 수 있습니다. 예를 들어서 서비스의 targetPort를 3000으로 바꿔 주기 위해서 values.yaml 파일에 다음과 같이 타깃 포트에 대한 정의를 추가해 줍니다.

코드 9-17 **chapter9/my-app/values-02.yaml**

```
...(중략)...
service:
  type: ClusterIP
  port: 8080
  targetPort: 3000 ❶
```

...(중략)...

> ❶ targetPort에 대한 새로운 정의를 추가했습니다.

만약 values.yaml 파일에 새로운 항목이 추가되었다면, 해당 항목을 사용하는 템플릿 파일도 있어야 합니다. 서비스 정의에 타깃 포트에 대한 내용을 추가하기 위해 templates 디렉터리의 service.yaml 파일을 다음과 같이 수정해 줍니다.

코드 9-18 **chapter9/my-app/templates/service-02.yaml**

```
...(중략)...
spec:
  type: {{ .Values.service.type }}
  ports:
    - port: {{ .Values.service.port }}
      targetPort: {{ .Values.service.targetPort }} ❶
      protocol: TCP
...(중략)...
```

> ❶ values.yaml 파일에서 service.targetPort에 명시된 값을 가져 와서 사용합니다. 해당 값이 없을 경우 차트를 설치할 때 오류가 발생할 것입니다.

차트의 내용을 수정하면 꼭 같이 해야 하는 작업이 있습니다. 바로 Charts.yaml 파일의 버전을 바꿔 주는 것입니다.

코드 9-19 **chapter9/my-app/Chart-02.yaml**

```
...(중략)...
type: application
version: 1.0.1
appVersion: "1.0.0"
```

그리고 다시 차트를 패키징하면 다음과 같이 새로운 버전의 차트가 생성되는 것을 확인할 수 있습니다.

```
$ helm package my-app
Successfully packaged chart and saved it to: /Workspace/k8s/my-app-
1.0.1.tgz
```

해당 차트를 다시 설치하려고 하면 다음과 같이 오류가 발생하는 것을 확인할 수 있습니다.

```
$ helm install my-helm-app my-app-1.0.1.tgz
Error: INSTALLATION FAILED: cannot re-use a name that is still in use
```

이 오류는 이미 클러스터에 my-helm-app이라는 릴리스가 설치되어 있기 때문에 같은 이름의 차트를 다시 설치하지 못한다는 의미입니다.

차트의 변경을 반영하기 위해 helm uninstall 명령을 이용해 해당 릴리스를 삭제한 뒤 다시 설치할 수도 있지만, 이 방법은 디플로이먼트, 서비스 등 모든 오브젝트를 제거해 버리기 때문에 실제로 사용하기 어렵습니다. 이렇게 새로운 버전의 차트를 반영할 때 사용하는 명령어는 helm upgrade입니다.

```
$ helm upgrade my-helm-app my-app-1.0.1.tgz
Release "my-helm-app" has been upgraded. Happy Helming!
NAME: my-helm-app
LAST DEPLOYED: Sun Jun 26 01:54:49 2022
NAMESPACE: default
STATUS: deployed
REVISION: 2
TEST SUITE: None
```

이렇게 업그레이드된 릴리스는 이전 버전으로 되돌리는 롤백 동작도 쉽게 할 수 있습니다. 이는 디플로이먼트를 롤백하는 것과 거의 동일한 사용법을 가지고 있습니다. 다만 헬름 릴리스를 롤백하는 것은 파드뿐만 아니라 모든 관련 오브젝트를 한번에 이전 상태로 되돌릴 수 있기 때문에 실제 애플리케이션을 운영할 때 훨씬 더 편하게 사용할 수 있습니다.

```
$ helm history my-helm-app
REVISION  UPDATED                  STATUS      CHART           APP VERSION  DESCRIPTION
1         Sun Jun 26 01:40:48 2022 superseded  my-app-1.0.0    1.0.0        Install complete
2         Sun Jun 26 01:54:49 2022 deployed    my-app-1.0.1    1.0.0        Upgrade complete
$ helm rollback my-helm-app 1
Rollback was a success! Happy Helming!
$ helm history my-helm-app
REVISION  UPDATED                  STATUS      CHART           APP VERSION  DESCRIPTION
1         Sun Jun 26 01:40:48 2022 superseded  my-app-1.0.0    1.0.0        Install complete
2         Sun Jun 26 01:54:49 2022 superseded  my-app-1.0.1    1.0.0        Upgrade complete
3         Sun Jun 26 02:02:56 2022 deployed    my-app-1.0.0    1.0.0        Rollback to 1
```

이렇게 헬름을 사용하여 애플리케이션을 배포하는 것은 단순히 파드에서 사용하는 이미지를 배포하는 것 이상으로 쿠버네티스에서 사용하는 모든 종류의 오브젝트를 같이 정의하여 배포하고 관리할 수 있다는 장점을 가지고 있습니다. 실제로 헬름이 제공하는 기능과 템플릿 문법은 여기서 소개된 내용보다 훨씬 더 방대하여 거의 모든 종류의 애플리케이션 배포를 문제없이 수행할 수 있습니다.

헬름 사용법과 활용에 대한 더 자세한 내용은 공식 홈페이지인 *https://helm.sh/*에서 확인할 수 있습니다.

10장

쿠버네티스에서 실행 중인 애플리케이션의 문제를 파악하는 방법

우리가 만든 애플리케이션이 항상 마음먹은 대로 동작하지는 않습니다. 애플리케이션의 코드를 작성할 때 할 수 있는 크고 작은 실수들은 예상치 못한 상황에 발생하는 오류가 되어 돌아오게 됩니다. 이럴 때 그 원인을 빠르게 파악하고 해결책을 찾아내는 것 또한 매우 중요합니다.

쿠버네티스를 이용하여 애플리케이션을 배포하고 실행하면 애플리케이션에서 발생하는 문제들을 파악하는 과정이 다소 모호해지기 쉽습니다.

우선 애플리케이션을 개발할 때 사용하는 개발 환경과 실행할 때 사용하는 쿠버네티스의 환경이 서로 달라서, '내 컴퓨터에서는 잘 되는데 막상 쿠버네티스에서는 문제를 일으키는 경우'가 종종 있습니다. 그리고 애플리케이션의 전반적인 라이프사이클을 쿠버네티스가 알아서 처리하기 때문에 오히려 개발자 입장에서는 상세한 정보를 알아내기도 어렵습니다.

다행히도 쿠버네티스는 애플리케이션의 문제를 파악하고 해결하는 데 도움이 되는 여러 가지 명령어를 제공합니다. 이번 장에서는 애플리케이션의 문제를 해결하기 위해 사용할 수 있는 다양한 명령어에 대해 알아보겠습니다.

10.1 파드와 컨테이너의 상태 및 로그 조회하기

지금까지 쿠버네티스 클러스터에 파드를 적용한 뒤 파드가 정상적으로 실행됐는지 확인하기 위해 kubectl get pods 명령어를 사용했습니다.

```
$ kubectl get pods
NAME      READY   STATUS      RESTARTS    AGE
my-pod    1/1     Running     0           10s
```

명령어의 실행 결과에서 파드가 Running 상태이며 재시작 없이 잘 실행되었음을 확인할 수 있습니다. 이렇게 정상적인 경우가 아니라 파드가 제대로 실행되지 않았다면 어떤 결과가 나올까요? 파드의 정의를 잘못 작성한 경우라면 대부분 kubectl apply 단계에서 문제를 발견할 수 있습니다.

```
$ kubectl apply -f my-pod-invalid.yaml
error: error validating "my-pod-invalid.yaml": error validating data: ValidationError
    (Pod.spec.containers[0]): unknown field "port" in io.k8s.api.core.v1.Container; if
    you choose to ignore these errors, turn validation off with --validate=false
```

파드를 정의하는 명세 파일에서 잘못된 문법을 사용했다면 쿠버네티스는 파드를 적용하기 전에 먼저 오류를 발생시킨 뒤 파드의 적용을 취소합니다. 오류 메시지는 ports로 정의되어야 할 항목을 port로 정의했음을 알려 주고 있습니다. 이렇게 정적으로 오류가 발견되는 경우는 비교적 쉽게 문제의 원인을 파악할 수 있습니다.

하지만 어떤 오류는 파드를 적용하고 난 뒤에야 확인할 수 있습니다. 대표적으로 파드의 적용에 실패하는 경우는 다음과 같이 이미지의 이름이나 태그를 잘못 기재한 경우입니다.

```
$ kubectl get pods
NAME      READY   STATUS          RESTARTS    AGE
my-pod    0/1     ErrImagePull    0           10s
```

이 경우 파드의 상태는 이미지를 가져오는 데 실패했다는 ErrImagePull과 다시 이미지를 가져와서 파드의 생성을 시도하기 전까지 잠시 기다리는 ImagePull BackOff 상태를 번갈아 가면서 나타냅니다.

이러한 문제를 해결하는 방법은 간단합니다. 올바른 이미지 이름과 태그를 기재하여 쿠버네티스에 다시 적용하거나, 정의된 이미지를 레지스트리에 푸시해 주는 것입니다.

이렇게 파드의 상태에서 문제의 원인이 바로 드러나는 경우는 문제를 파악하기 쉽습니다. 명세 파일을 작성할 때 문법을 틀린 경우와 마찬가지로 문제의 원인이 쿠버네티스에서 파악이 가능한 레벨이기 때문입니다.

문제의 원인이 쿠버네티스가 아닌 애플리케이션 내부에 있는 경우 원인을 파악하기 어려워집니다. 다음의 경우를 예를 들어 보겠습니다.

```
$ kubectl get pods
NAME      READY   STATUS    RESTARTS       AGE
my-pod    1/1     Running   2 (15s ago)    60s
```

파드의 상태는 Running으로 정상적인 것처럼 보이지만, RESTARTS의 카운트가 0이 아니라 계속 증가하고 있습니다. 이는 파드가 실행되었다가 무언가가 잘못되어 다시 실행되었음을 나타냅니다.

이렇게 실행에 문제가 생긴 파드는 처음에는 즉시 재실행하여 문제를 해결하려고 합니다. 하지만 문제가 반복되면 다음과 같이 CrashLoopBackOff 상태로 진입하여 일정 시간을 기다린 뒤 재실행하게 됩니다.

```
$ kubectl get pods
NAME      READY   STATUS             RESTARTS       AGE
my-pod    0/1     CrashLoopBackOff   4 (15s ago)    2m
```

이때 kubectl get pods 명령을 이용해서 알 수 있는 정보는 파드에 문제가 있어서 재실행되었다는 것뿐입니다. 이때 문제의 원인을 알아내기 위해 가장 먼저 시도해 볼 수 있는 것은 kubectl describe 명령어를 이용하여 파드의 상태를 조금 더 상세하게 조회하는 것입니다.

```
$ kubectl describe pods my-pod
Name:         my-pod
Namespace:    default
Priority:     0
...(중략)...
Events:
```

```
Type      Reason     Age                From               Message
----      ------     ---                ----               -------
Normal    Scheduled  6m13s              default-scheduler   Successfully assigned default/my-pod to docker-desktop
Normal    Pulled     5m8s (x4 over 6m13s)   kubelet         Container image "my-app:1.0.0-fail" already present on machine
Normal    Created    5m8s (x4 over 6m13s)   kubelet         Created container my-container
Normal    Started    5m8s (x4 over 6m12s)   kubelet         Started container my-container
Normal    Killing    5m8s (x3 over 5m48s)   kubelet         Container my-container failed liveness probe, will be restarted
Warning   Unhealthy  4m58s (x10 over 5m58s) kubelet         Liveness probe failed: HTTP probe failed with statuscode: 503
Warning   BackOff    67s (x16 over 4m28s)   kubelet         Back-off restarting failed container
```

kubectl describe 명령어는 쿠버네티스 오브젝트의 현재 상태를 상세하게 표시해 줍니다. 여기에는 파드가 실행된 노드, 파드의 현재 IP, 파드의 현재 상태 등 다양한 정보들이 포함되어 있습니다.

파드가 제대로 실행되지 않고 자꾸 재시작하는 상황에서 특히 유용한 것은 가장 아래쪽에 기재되는 Events 항목입니다. 여기에는 파드가 쿠버네티스 클러스터에 적용된 시점부터의 발생한 모든 이벤트에 대한 로그가 담겨 있습니다.

예를 들어 앞의 파드의 경우 활성 프로브의 응답이 503으로 돌아와서 쿠버네티스가 파드를 강제 종료시키고 재실행했음을 알 수 있습니다. 이 경우 애플리케이션의 활성 프로브의 응답을 비정상으로 나타나게 만드는 원인을 찾아서 제거하면 트러블 슈팅의 범위를 좁힐 수 있습니다.

10.2 파드의 로그 조회하기

어떤 문제는 kubectl describe 명령으로도 알아내기 어려울 때가 있습니다. 예를 들어서 문제가 완전히 애플리케이션 내부에 숨겨져 있는 경우 다음과 같이 kubectl describe 명령으로도 문제의 원인을 파악하기 어려울 수 있습니다.

```
...(중략)...
Events:
Type      Reason     Age                From               Message
----      ------     ---                ----               -------
Normal    Scheduled  84s                default-scheduler   Successfully assigned default/my-pod to docker-desktop
Normal    Pulled     35s (x4 over 84s)  kubelet            Container image "my-app:1.0.0-fail2" already present
                                                           on machine
Normal    Created    35s (x4 over 84s)  kubelet            Created container my-container
Normal    Started    35s (x4 over 84s)  kubelet            Started container my-container
Warning   BackOff    4s (x10 over 80s)  kubelet            Back-off restarting failed container
```

앞의 결과에서 Started (x4 over 84s)는 컨테이너가 4번 실행되었음을 의미합니다. 그리고 Back-off restarting failed container라는 메시지에서 컨테이너가 실행 상태를 유지하지 못하여 계속 재실행을 반복하고 있음을 알 수 있습니다.

하지만 여기에서 얻을 수 있는 정보는 컨테이너가 정상적인 상태가 아니라는 것이 전부입니다. 때문에 문제 해결에 필요한 컨테이너의 비정상적인 상태를 유발한 진짜 원인을 파악하기 어렵습니다. 이는 그 원인이 쿠버네티스 클러스터 혹은 파드의 명세에 있는 것이 아니라 애플리케이션의 내부에 있기 때문입니다.

애플리케이션에 오류가 있을 때는 애플리케이션의 로그를 확인하는 것이 일반적으로 가장 좋은 방법입니다. 쿠버네티스를 사용하지 않을 경우 일반적으로 로그는 특정 위치의 파일에서 확인할 수 있었습니다. 구성에 따라서는 특정 볼륨에 접근하여 애플리케이션 로그를 확인하거나 일래스틱서치와 같은 별도의 로그 관리 시스템을 사용하는 방법으로 파드의 로그를 확인할 수 있습니다.

필요한 경우 kubectl logs 명령어를 이용하여 파드 내의 컨테이너가 표준 출력으로 내보내는 로그를 직접 조회할 수도 있습니다.

```
$ kubectl logs -f my-pod ❶
...(중략)...
*******************************
APPLICATION FAILED TO START
*******************************

Description:

Failed to configure a DataSource: 'url' attribute is not specified
    and no embedded datasource could be configured.
```

Reason: Failed to determine a suitable driver class

> ❶ -f는 계속 출력되는 로그를 계속 따라가면서(follow) 출력하라는 옵션입니다.

이 로그를 통해 애플리케이션이 데이터 소스에 접근하기 위한 적절한 드라이버를 찾지 못했음을 알 수 있습니다. 일반적으로 이런 오류는 애플리케이션을 개발하는 단계에서 확인하고 수정할 수 있지만, 어떤 오류들은 특정 환경에서만 발생합니다. 예를 들면 컨피그맵에 데이터베이스의 주소가 잘못 지정된 경우를 생각해 볼 수 있습니다.

이렇게 쿠버네티스 환경에서만 발생하는 문제를 해결하기 위해 파드의 로그를 확인하고 오류를 파악하는 것은 자주 사용하는 트러블 슈팅 방법 중 하나입니다.

다만 쿠버네티스에서 파드의 로그를 조회할 때 만날 수 있는 현실적인 문제점이 하나 있습니다. 대부분의 파드는 독립적으로 실행되기보다는 레플리카셋이나 디플로이먼트와 같은 별도의 오브젝트를 통해 관리됩니다.

디플로이먼트는 파드의 수를 유지하기 위해 파드에 문제가 생겨서 종료되면 이를 즉시 다시 실행합니다. 이러한 동작은 애플리케이션의 안정성을 높여 주는 데 큰 도움이 되지만 파드의 로그를 조회할 때는 골치 아픈 문제를 발생시킵니다. 종료된 파드가 어떤 문제를 가졌는지 파악하기 위하여 kubectl logs 명령으로 로그를 조회해 봐도 재실행 중인 새로운 파드의 로그가 조회되기 때문입니다.

이러한 문제를 해결하기 위하여 쿠버네티스는 --previous 옵션을 제공합니다.

```
$ kubectl logs my-deploy-65f4f7d474-s7hnc  ❶
2022-07-08 17:10:27.709 Starting MyappApplication using Java 18.0.1.1 on my-deploy-
                        65f4f7d474-s7hnc with PID 1 (/app.jar started by root in /)
2022-07-08 17:10:27.710 No active profile set, falling back to default profiles: default
2022-07-08 17:10:28.052 Multiple Spring Data modules found, repository configuration mode!
2022-07-08 17:10:28.053 Bootstrapping Spring Data Redis repositories in DEFAULT mode.
2022-07-08 17:10:28.064 Finished Spring Data repository scanning in 2 ms. Found 0 Redis
                        repository interfaces.
2022-07-08 17:10:28.389 Tomcat initialized with port(s): 8080 (http)
2022-07-08 17:10:28.412 Starting service [Tomcat]
...(중략)...

$ kubectl logs my-deploy-65f4f7d474-s7hnc --previous  ❷
2022-07-08 17:09:37.627 Starting MyappApplication using Java 18.0.1.1 on my-deploy-
                        65f4f7d474-s7hnc with PID 1 (/app.jar started by root in /)
2022-07-08 17:09:37.629 No active profile set, falling back to default profiles:
                        default
2022-07-08 17:09:38.011 Multiple Spring Data modules found, entering strict
                        repository configuration mode!
...(중략)...                                                                          ❸
2022-07-08 17:09:49.738 Commencing graceful shutdown. Waiting for active requests
                        to complete
2022-07-08 17:10:19.739 Failed to shut down 1 bean with phase value 2147483647
                        within timeout of 30000ms: GracefulShutdown]
```

```
2022-07-08 17:10:19.739 Graceful shutdown aborted with one or more requests
                        still active
```

❶ my-deploy-65f4f7d474-s7hnc 파드에서 현재 실행 중인 컨테이너의 로그를 출력합
니다.

❷ my-deploy-65f4f7d474-s7hnc 파드에서 최근에 종료된 컨테이너의 로그를 확인하기
위해 --previous 옵션을 추가했습니다.

❸ 로그가 찍힌 시간을 확인해 보면 더 이전에 실행되었던 컨테이너의 로그임을 확인할 수
있습니다.

이외에도 kubectl logs 명령어에는 로그 조회를 편리하게 하기 위한 몇 가지
옵션을 지원합니다. 예를 들어서 --tail 옵션은 로그의 마지막 부분의 일부만
조회할 때 유용하며, --since 옵션으로 특정 시간 이후에 작성된 로그만 조회
할 수도 있습니다.

```
$ kubectl logs my-deploy-65f4f7d474-89bfc --tail=5        ❶
2022-07-08 18:04:13.260 Tomcat started on port(s): 8080 (http) with context path ''
2022-07-08 18:04:13.267 Started MyappApplication in 1.506 seconds
                        (JVM running for 1.73)
2022-07-08 18:04:24.225 Initializing Spring DispatcherServlet 'dispatcherServlet'
2022-07-08 18:04:24.225 Initializing Servlet 'dispatcherServlet'
2022-07-08 18:04:24.226 Completed initialization in 1 ms
$ kubectl logs my-deploy-65f4f7d474-32cnh --since=10s ❷
2022-07-08 18:11:14.222 Initializing Spring DispatcherServlet 'dispatcherServlet'
2022-07-08 18:11:14.222 Initializing Servlet 'dispatcherServlet'
2022-07-08 18:11:14.222 Completed initialization in 0 ms
```

❶ 로그의 가장 마지막 5줄만 표시합니다.

❷ 최근 10초간 작성된 로그만 표시합니다.

디플로이먼트 내의 아무 파드의 로그만 확인하고 싶을 때는 다음과 같이 파드
의 이름이 아니라 디플로이먼트의 이름으로 로그를 조회할 수 있습니다. 이때
쿠버네티스는 디플로이먼트가 관리하는 파드 중 하나를 임의로 선택하여 로그
를 출력합니다.

```
$ kubectl logs deploy/my-deploy
Found 2 pods, using pod/my-deploy-65f4f7d474-89bfc

2022-07-08 18:17:51.935 Starting MyappApplication using Java 18.0.1.1 on my-deploy-
                        65f4f7d474-89bfc with PID 1 (/app.jar started by root in /)
```

```
2022-07-08 18:17:51.936 No active profile set, falling back to default profiles: default
...(중략)...
```

불특정하게 발생하는 오류 로그를 포착하기 위해 모니터링을 하는 경우처럼, 모든 파드의 로그를 한번에 조회하고 싶을 때는 다음과 같이 셀렉터를 이용하면 됩니다.

```
$ kubectl logs -f -l app=my-app ❶
2022-07-08 18:17:00.434  Starting Servlet engine: [Apache Tomcat/9.0.56]
2022-07-08 18:17:00.462  Initializing Spring embedded WebApplicationContext
2022-07-08 18:17:00.463  Root WebApplicationContext: initialization completed in 567 ms
2022-07-08 18:17:00.930  Tomcat started on port(s): 8080 (http) with context path ''
2022-07-08 18:17:04.394  Starting Servlet engine: [Apache Tomcat/9.0.56]
2022-07-08 18:17:04.421  Initializing Spring embedded WebApplicationContext
...(중략)...
```

> ❶ app 레이블이 my-app인 모든 파드의 로그를 계속 출력합니다.

이렇게 kubectl logs 명령어를 사용해 로그를 조회하는 방식은 파드의 문제를 빠르게 확인할 때 유용합니다. 또한 모든 로그가 표준 출력을 통해 출력되므로 grep 명령 등 평소 로그 조회를 위해 사용하던 프로그램을 그대로 사용할 수 있다는 점도 장점입니다.

다만 이러한 로그들은 별도의 파일로 저장되거나 하지 않기 때문에 과거의 로그를 조회하거나 검색하는 용도로 사용하기에는 부적절합니다. 따라서 로그의 체계적인 관리를 위해서는 7장에서 언급한 별도의 로그 관리 시스템을 구축하여 로그를 수집하는 것이 더 적합합니다.

10.3 실행 중인 파드 내부에 진입하여 명령어 실행하기

파드의 로그를 확인해 많은 이슈를 해결할 수도 있지만 로그에서 얻을 수 있는 정보가 충분하지 않은 경우도 있습니다.

때로는 표준 출력으로 나오지 않는 컨테이너 내부에 파일로 저장된 별도의 로그를 확인해야 할 수도 있고, 환경변수가 제대로 정의되었는지 확인하고 싶을 수도 있습니다. 상황에 따라서는 컨테이너 내부에 존재하는 특정 스크립트를 실행하거나 구동 중인 프로세스 목록을 확인하여 문제의 원인을 찾아야 할 수도 있습니다.

이렇게 조금 더 다양한 관점에서 문제의 원인을 파악하려 한다면 kubectl exec 명령어를 통해 파드의 컨테이너에서 직접 명령어를 실행하는 것도 좋은 방법입니다.

```
$ kubectl exec my-pod -- printenv ❶
PATH=/usr/java/openjdk-17/bin:/usr/local/sbin:/usr/local/bin:/usr/sbin:/
    usr/bin:/sbin:/bin
HOSTNAME=my-pod
PRODUCT_SERVICE_SERVICE_HOST=10.103.15.81
PRODUCT_SERVICE_PORT=tcp://10.103.15.81:8080
USER_SERVICE_SERVICE_HOST=10.106.58.109
...(중략)...
```

> ❶ 명령어를 실행하고자 하는 파드의 이름을 명시하고 두 개의 하이픈 뒤에 한 칸을 띈 후 실
> 행하고자 하는 명령어를 입력합니다.

일반적으로는 하나의 명령어만 실행하기보다 컨테이너 내의 셸(shell)에 직접 접속해서 자유롭게 명령어를 실행하며 문제를 찾아가는 것이 더 편리합니다. 다음은 컨테이너의 셸 프로그램을 직접 실행한 것입니다.

```
$ kubectl exec -it my-pod -- bash
bash-4.4# ls
app.jar  bin  boot  dev  etc  home  lib  lib64  media  mnt  opt  proc
root  run  sbin  srv  sys  tmp  usr  var
```

파드의 내부에 접속하면 해당 컨테이너의 파일 시스템, 환경 변수, 운영체제 정보, 파일 디스크립터 등 다양한 정보에 접근할 수 있기 때문에 문제를 조금 더 상세하게 파악할 수 있습니다.

그런데 컨테이너를 구성하는 베이스 이미지 중에는 용량을 줄이기 위해서 배시와 같은 셸 프로그램을 제거하여 배포하는 이미지들이 있습니다. 이 경우 kubectl exec 명령으로 배시를 실행할 수 없습니다.

```
$ kubectl exec -it my-pod -- bash
OCI runtime exec failed: exec failed: container_linux.go:380: starting
    container process caused: exec: "bash": executable file not found in
    $PATH: unknown
command terminated with exit code 126
```

이런 경우 해당 컨테이너에서 지원하는 셸 목록을 다음과 같은 명령어로 조회할 수 있습니다.

```
$ kubectl exec my-pod -- cat /etc/shells
# valid login shells
/bin/sh
/bin/ash
```

일반적으로 해당 컨테이너의 기본 셸 프로그램은 /bin/sh로 연결되어 있습니다. 그래서 별도의 셸 프로그램이 포함되지 않은 컨테이너에서 셸에 접근하는 경우 다음과 같이 /bin/sh를 실행해 기본 셸 프로그램에 접근하는 방식을 사용합니다.

```
$ kubectl exec -it my-pod -- /bin/sh
/ # ls
app.jar   dev    home   media   opt    root   sbin   sys   usr
bin       etc    lib    mnt     proc   run    srv    tmp   var
```

> ☑ **다수의 컨테이너를 가진 파드에서 트러블 슈팅하기**
>
> 만약 파드가 여러 개의 컨테이너를 가진 경우 로그를 조회하거나 명령어를 실행할 때 대상이 되는 컨테이너를 지정해야 합니다. 이때는 -c 옵션을 사용합니다.
>
> ```
> $ kubectl
> $ kubectl exec -it -c my-container my-pod -- /bin/sh
> / # exit
> $ kubectl logs -f -c my-container my-pod
> ...(중략)...
> ```
>
> 특히 로그를 조회할 때는 모든 컨테이너의 로그를 한번에 조회하기 위한 --all-containers 옵션도 제공합니다.
>
> ```
> $ kubectl logs -f my-pod --all-containers
> ...(중략)...
> ```

10.4 파드와 파드 간의 통신 상태 점검하기

쿠버네티스에서 애플리케이션을 실행할 때 많이 겪는 문제 중 하나는 데이터베이스, 외부 API, 혹은 서비스를 통해 연결되는 다른 파드에 접근이 안 되는 것입니다. 이러한 문제의 원인을 정확하게 파악하기 위해서는 직접 해당 파드 내부에서 다른 서비스로 연결을 시도해 보고 상태와 응답을 정확히 파악해야 합니다.

이미 kubectl exec를 통해 파드에서 명령어를 실행하는 방법에 대해 알아봤기 때문에 어렵지 않게 통신 상태를 확인할 수 있습니다. 가장 쉽게 상태를 점검하는 방법은 curl이나 wget, nc, ping과 같이 익숙한 도구를 사용하는 것입니다.

```
$ kubectl exec -it my-pod -- bash
bash-4.4# curl -v http://invalid-service:8080/api/healthcheck  ❶
* Could not resolve host: invalid-service
* Closing connection 0
curl: (6) Could not resolve host: invalid-service
bash-4.4# curl -v http://product-service:8080/api/healthcheck  ❷
*   Trying 10.103.15.81 ...(중략)...
* TCP_NODELAY set
* Connected to product-service (10.103.15.81) port 8080 (#0)
> GET /api/healthcheck HTTP/1.1
> Host: product-service:8080
> User-Agent: curl/7.61.1
> Accept: */*
>
< HTTP/1.1 200
< Content-Type: text/plain;charset=UTF-8
< Content-Length: 2
< Date: Wed, 13 Jul 2022 18:02:40 GMT
<
* Connection #0 to host product-service left intact
```

❶ 존재하지 않는 서비스로 접근을 시도해 봅니다.

❷ 실제로 존재하는 서비스를 통해 다른 파드에 요청을 보내고 결과를 확인합니다.

이러한 명령어를 통해 어떤 파드가 서비스를 통해 다른 파드에 접근하는 것에 문제가 없는지 확인할 수 있습니다. 하지만 일부 컨테이너 이미지들은 경량화를 위해 curl이나 wget과 같은 프로그램을 제외하고 빌드하여 이런 명령어를 사용하지 못하는 경우가 있습니다. 만약 해당 파드가 인터넷망에 연결된 상태라면 apt install curl과 같은 명령어로 현재 컨테이너에 임시로 해당 도구들을 설치하여 사용할 수 있습니다.

하지만 파드에서 외부 인터넷으로의 접속이 막혀 있는 경우 프로그램을 설치해서 사용하기 어려울 수 있습니다. 이럴 때는 다음과 같이 소켓에 직접 연결하여 요청과 응답을 확인해 볼 수 있습니다.

```
bash-4.4# exec 3<>/dev/tcp/product-service/8080   ❶
bash-4.4# echo -e "GET /api/healthcheck HTTP/1.1\r\nHost: localhost:8080\r\nConnection:
    close\r\n\r\n" >&3
bash-4.4# cat <&3   ❸
HTTP/1.1 200
Content-Type: text/plain;charset=UTF-8
Content-Length: 2
Date: Wed, 13 Jul 2022 17:50:41 GMT             ❹
Connection: close

OK
```

❶ 파일 디스크립터 3번에 product-service의 8080 포트로의 TCP 연결의 응답과 요청을 기록합니다. 디스크립터 번호는 임의로 지정해도 상관없습니다.

❷ GET 요청에 대한 명세를 3번 디스크립터에 전달합니다. 여기에서는 /api/healthcheck 로 GET 요청을 보내고 응답이 오면 연결을 끊도록 하였습니다.

❸ 요청의 응답이 3번 디스크립터에 기록되어 있으므로 해당 내용을 출력합니다.

❹ 요청에 대한 응답이 정상적으로 도착한 것을 확인할 수 있습니다

이런 방식은 네트워크 점검을 위한 도구들을 활용하거나 설치하지 못하는 상황에서도 사용할 수 있다는 장점이 있습니다. 하지만 명령어의 사용법이 복잡하고 불편하며, HTTPS를 사용하는 경우에 대응하기 어려운 점 등 일상적으로 사용하기 어렵게 만드는 단점도 가지고 있습니다.

조금 더 상세한 트러블 슈팅을 위해서는 우리가 일반적으로 사용하는 네트워크 도구들을 사용해서 문제를 파악하는 것이 좋습니다. 이를 위해서 클러스터 내에 네트워크 점검을 위한 임시 파드를 실행하는 방법을 사용할 수 있습니다.

```
$ kubectl run netshoot --image=nicolaka/netshoot --rm -it --restart=Never
    --command -- bash
If you don't see a command prompt, try pressing enter.
bash-5.1# dig product-service

; <<>> DiG 9.18.3 <<>> product-service
;; global options: +cmd
;; Got answer:
;; ->>HEADER<<- opcode: QUERY, status: NXDOMAIN, id: 53234
;; flags: qr rd ra; QUERY: 1, ANSWER: 0, AUTHORITY: 0, ADDITIONAL: 1
...(중략)...
```
❶

❶ nicolaka/netshoot 이미지를 실행하여 내부 셸에 접근한 뒤 끝나면 지워 버립니다.

netshoot 이미지는 curl, wget, nslookup과 같은 기초적인 네트워크 도구들을 포함하여 dig, netstat, tcpdump 등 네트워크 점검에 많이 쓰이는 프로그램들을 포함하고 있습니다. 이런 이미지를 파드로 실행하여 명령어를 날려보면 조금 더 명확하게 문제의 원인을 파악할 수 있습니다.

때에 따라서는 Postman과 같은 HTTP 클라이언트 프로그램이나 Wireshark와 같은 패킷 분석 프로그램을 통해 애플리케이션의 API와 네트워크를 분석하고 싶을 수도 있습니다. 이런 경우 포트 포워드 명령어를 통해서 특정 서비스를 로컬 환경의 포트로 노출시키는 터널링(tunneling)을 시도할 수 있습니다.

```
$ kubectl port-forward service/product-service 19080:8080 ❶
Forwarding from 127.0.0.1:19080 -> 8080
Forwarding from [::1]:19080 -> 8080
```

❶ product-service 서비스의 8080 포트를 로컬 환경의 19080 포트로 터널링합니다.

이렇게 연결된 서비스는 다양한 전문 프로그램을 이용하여 디버깅할 수 있습니다. 이러한 방법은 특히 API를 다양한 방법으로 호출해야 하는 웹 혹은 앱 클라이언트 개발 환경을 구성할 때 유용하게 사용될 수 있습니다.

10.5 애플리케이션 문제 해결을 위한 다양한 기법

애플리케이션이 동작은 하는데 유독 느리게 동작한다면 CPU나 메모리 등 리소스의 문제일 수 있습니다. 파드가 사용하는 자원 사용량을 확인하기 위해

3장에서 사용했던 kubectl top pods 명령어를 씁니다.

```
$ kubectl top pods        ❶
NAME                            CPU(cores)    MEMORY(bytes)
my-deploy-776f5ff795-czrp7      3m            157Mi
my-deploy-776f5ff795-q2xfx      3m            157Mi
$ kubectl top nodes       ❷
NAME              CPU(cores)    CPU%    MEMORY(bytes)    MEMORY%
docker-desktop    162m          4%      2492Mi           65%
```

> ❶ 파드의 CPU 및 메모리 사용량을 조회합니다.
>
> ❷ 모든 노드의 CPU 및 메모리 사용량을 조회합니다.

위와 같이 CPU나 메모리 사용량에 큰 문제가 없다면 다행이지만 문제가 있는 경우 앞에서 살펴봤던 로그 조회 등의 방법을 통해 문제를 찾아 나가야 합니다. 만약 문제가 생기는 파드를 특정할 수 없거나 노드 자체에 문제가 있는 경우 문제의 원인을 찾는 과정이 다소 어려울 수 있습니다.

이때 쿠버네티스에서 기록한 이벤트 로그를 살펴보고 전체적으로 어떤 문제들이 발생했었는지 확인해 문제의 원인을 찾아볼 수도 있습니다.

```
$ kubectl get events --all-namespaces ❶
NAMESPACE     LAST SEEN  TYPE     REASON           OBJECT            MESSAGE
kube-system   72s        Warning  FailedScheduling pod/metrics-server- 0/1 nodes are available: 1 node(s)
                                                   67d764d7cf-t9rsm   didn't have free ports for the
                                                                      requested pod ports.
my-app        31m        Warning  Unhealthy        pod/my-deploy-     Liveness probe failed: Get
                                                   65f4f7d474-c8tzj   "http://10.1.62.51:8080/api/
                                                                      healthcheck": context deadline
                                                                      exceeded (Client.Timeout exceeded
                                                                      while awaiting headers)
my-app        97s        Warning  BackOff          pod/my-deploy-     Back-off restarting failed container
                                                   65f4f7d474-c8tzj
...(중략)...
```

> ❶ 모든 네임스페이스에서 최근에 발생한 이벤트를 출력합니다.

이벤트 기록을 통해 클러스터 혹은 각각의 파드에 어떤 오류가 있었는지 살펴볼 수 있습니다. 다만 쿠버네티스는 발생한 이벤트를 영구적으로 저장하지는 않습니다. 이는 설정에 따라 달라질 수 있지만 기본 설정에서는 최근 1시간 동안 발생한 이벤트만 기록을 유지합니다. 따라서 오래전에 발생한 오류의 원인을 파악하는 용도로는 부적합할 수 있습니다.

다양한 방법을 사용하더라도 오류의 원인이 확실하게 파악되지 않거나, 문제의 원인 파악보다 해결이 더 급한 상황이라면 파드를 새로 실행하는 방법을 선택하는 것이 문제 해결에 도움이 될 수 있습니다.

파드를 재실행하는 가장 간단한 방법은 파드를 지우고 다시 실행하는 방법이지만 디플로이먼트 등에 의해 다수의 파드가 실행 중이라면 하나씩 지우는 것도 쉽지 않은 일입니다. 이때 kubectl rollout 명령어를 사용하여 디플로이먼트의 파드들을 다시 실행할 수 있습니다.

```
$ kubectl rollout restart deploy/my-deploy
deployment.apps/my-deploy restarted
```

디플로이먼트에 롤링 업데이트 설정이 되어 있는 상태에서 kubectl rollout restart 명령을 이용해 파드를 재실행하면 쿠버네티스는 디플로이먼트를 같은 버전의 이미지로 롤링 업데이트하는 것과 동일한 과정으로 파드를 종료시키고 다시 실행합니다. 이는 서비스의 중단을 일으키지 않는 재실행 방법이기 때문에 대부분의 상황에 유용합니다.

하지만 때에 따라서는 서비스의 중단을 감수하더라도 모든 파드를 빠르게 재실행해야 할 수도 있습니다. 이럴 때는 디플로이먼트의 스케일을 0으로 조정했다가 되돌리는 방법을 사용할 수 있습니다.

```
$ kubectl scale deploy my-deploy --replicas=0   ❶
deployment.apps/my-deploy scaled
$ kubectl get pods
No resources found in default namespace.        ❷
$ kubectl scale deploy my-deploy --replicas=2   ❸
deployment.apps/my-deploy scaled
$ kubectl get pods
NAME                        READY   STATUS    RESTARTS   AGE
my-deploy-5f5bc67859-grsrz  1/1     Running   0          5s  ⎤
my-deploy-5f5bc67859-s4t84  1/1     Running   0          5s  ⎦ ❹
```

❶ 디플로이먼트의 모든 파드를 제거합니다.

❷ 모든 파드가 종료되었습니다.

❸ 디플로이먼트에 2개의 파드를 배치합니다.

❹ 파드가 새로 실행된 것을 확인할 수 있습니다.

물론 파드를 재실행한다고 모든 문제가 해결되지는 않습니다. 예를 들어 명시적인 오류가 발생하여 파드 자체가 제대로 시작하지 않거나 활성 프로브에서 오류가 감지되는 경우가 있습니다. 이럴 때는 쿠버네티스가 파드를 재시작해 주기 때문에 사용자가 직접 파드를 재실행하는 것은 큰 의미가 없습니다.

하지만 애플리케이션 내부에 명시적으로 파악하기 어려운 오류로 인해 성능이 저하되거나 이상 동작을 보이는 경우에는 파드를 재실행하여 애플리케이션의 상태를 초기화시켜 주는 것이 문제 해결에 도움을 줄 수 있습니다.

11장

kubectl을 활용하여
클러스터와 상호작용하는
다양한 방법

kubectl은 사용자가 쿠버네티스 클러스터에서 명령어를 실행하고 결과를 전달받기 위한 도구입니다. 이미 이 책의 모든 장에서 kubectl 명령어를 이용하여 쿠버네티스와 상호작용을 했습니다. 그중에서도 가장 많이 사용한 명령어는 특정 오브젝트의 명세를 쿠버네티스 클러스터에 적용하기 위한 kubectl apply와 클러스터에 적용된 오브젝트 정보를 가져오기 위한 kubectl get입니다.

하지만 실제로 kubectl은 더 많은 명령어를 지원합니다. 대표적으로 10장에서 트러블 슈팅을 위해 사용했던 describe, logs, exec와 같은 명령어들이 있습니다. 이런 명령어들은 오브젝트의 상세한 정보를 조회하거나 오브젝트에 직접 명령을 내리게 해 사용자가 쿠버네티스 클러스터와 더 다양한 방법으로 상호작용할 수 있도록 도와 줍니다. 쿠버네티스의 다양한 개념들을 익힌 후 kubectl의 상세한 명령어에 대해 알아본다면 쿠버네티스를 좀 더 폭넓게 이해할 수 있을 것입니다.

이번 장에서는 kubectl을 설정하는 방법에 대해서 알아보고 조금 더 다양한 명령어를 활용하는 방법에 대해서도 살펴보겠습니다.

11.1 kubectl config를 이용한 컨텍스트 설정과 전환

kubectl 명령어가 어떤 주소의 클러스터에 어떤 사용자의 권한으로 상호작용하는가는 kubectl의 설정 파일에서 정의할 수 있습니다. 이때 명령어의 실행 대상이 되는 클러스터와 사용자의 조합을 컨텍스트(context)라고 부릅니다.

현재 kubectl 명령어가 사용하는 설정을 확인하는 가장 직관적인 방법은 kubectl config view 명령을 사용하는 것입니다. 예를 들어서 현재 도커 데스크톱을 이용하여 로컬 환경에 쿠버네티스 클러스터를 구성하고 있다면 다음과 같은 설정을 확인할 수 있습니다.

```
$ kubectl config view
apiVersion: v1
clusters:
- cluster:
    certificate-authority-data: DATA+OMITTED        ❶
    server: https://kubernetes.docker.internal:6443 ❷
  name: docker-desktop                               ❸
users:
- name: docker-desktop
  user:
    client-certificate-data: REDACTED   ❹
    client-key-data: REDACTED
contexts:
- context:  ❺
    cluster: docker-desktop
    user: docker-desktop    ❻
  name: docker-desktop
current-context: docker-desktop ❼
kind: Config
preferences: {}
```

❶ 클러스터와의 통신을 위해 사용하는 인증서 내용이나 암호 데이터 등은 이 명령어로는 확인할 수 없습니다. 필요한 경우 cat ~/.kube/config와 같이 설정 파일을 직접 조회해 확인합니다.

❷ 도커 데스크톱의 경우 로컬 환경에 실행 중인 도커 컨테이너와의 통신을 위해 몇 가지 주소를 docker.internal 도메인으로 등록해 두었습니다. 실제로 이 주소는 로컬 호스트의 주소인 127.0.0.1을 의미합니다.

❸ 클러스터의 이름을 지정합니다. 하나의 클라이언트에서 여러 쿠버네티스에 접근할 수 있기 때문에 이름으로 구분합니다.

❹ kubectl을 이용해 쿠버네티스 클러스터에 접근하기 위한 사용자 정보를 정의합니다. 여기에서 해당 클러스터에 대한 인증 정보도 같이 지정합니다. 인증 정보는 도커 데스크톱 등을 이용해 구성할 때는 자동으로 설정되며 그 외의 경우에는 쿠버네티스 클러스터 운영자에게 요청하여 받을 수 있습니다.

❺ kubectl 명령어를 통해 접근할 수 있는 클러스터를 지정합니다. 여기에서는 clusters에 정의된 클러스터의 이름을 사용합니다.

❻ ❸에서 지정한 docker-desktop 클러스터를 컨텍스트로 정의합니다.

❼ 현재 kubectl 명령어가 사용하는 컨텍스트를 지정합니다. 여기에서는 docker-desktop 컨텍스트로 사용합니다.

상황에 따라서는 여러 개의 쿠버네티스 클러스터에 번갈아 가며 접근할 수도 있습니다. 예를 들어 로컬 환경에 도커 데스크톱을 이용해 연습을 위한 쿠버네티스 클러스터를 구성하고, 클라우드 환경에 실제로 사용하는 클러스터를 구성한 경우가 있습니다.

쿠버네티스 클러스터를 애플리케이션의 개발과 테스트에 사용할 클러스터와 운영에 사용할 클러스터로 나눠서 사용하기도 합니다. 예를 들어 도커 데스크톱만 사용하던 환경에 AWS에서 제공하는 쿠버네티스 클러스터를 같이 설정한 경우 다음과 같이 두 개의 클러스터와 컨텍스트를 설정할 수 있습니다.

```
$ kubectl config view
apiVersion: v1
clusters:
- cluster:
    certificate-authority-data: DATA+OMITTED
    server: https://kubernetes.docker.internal:6443
  name: docker-desktop
- cluster:
    certificate-authority-data: DATA+OMITTED
    server: https://D628640D2E.gr7.ap-northeast-2.eks.amazonaws.com    ❶
  name: eks-cluster
contexts:
- context:
    cluster: docker-desktop
    user: docker-desktop
  name: docker-desktop
- context:
    cluster: eks-cluster
    user: eks-user
```

```
  name: eks-cluster
current-context: eks-cluster   ❷
...(중략)...
```

> ❶ AWS에 위치한 EKS 클러스터에 대한 정의를 확인할 수 있습니다.
>
> ❷ 현재 kubectl 명령어를 통해 제어하는 컨텍스트가 eks-cluster임을 나타냅니다.

사용할 수 있는 컨텍스트 정보는 다음과 같이 kubectl config get-context 명령으로 확인할 수 있으며, 여기에서 현재 컨텍스트가 무엇인지도 같이 확인할 수 있습니다. 현재 컨텍스트만 빠르게 확인하려면 kubectl config current-context 명령을 사용할 수 있습니다.

```
$ kubectl config get-contexts
CURRENT   NAME              CLUSTER           AUTHINFO           NAMESPACE
          docker-desktop    docker-desktop    docker-desktop
*         eks-cluster       eks-cluster       eks-user
$ kubectl config current-context
eks-cluster
```

이렇게 여러 컨텍스트가 설정된 경우 --context 옵션을 통해 컨텍스트를 지정해서 명령을 실행할 수 있습니다.

```
$ kubectl --context=docker-desktop get nodes
NAME             STATUS    ROLES          AGE    VERSION
docker-desktop   Ready     control-plane  28d    v1.24.1
```

그런데 일반적으로는 모든 명령어에 --context 옵션을 붙이는 것보다 현재 컨텍스트를 완전히 전환하는 것을 선호할 것입니다. kubectl 명령어를 실행하는 컨텍스트, 즉 current-context를 바꾸는 방법은 간단합니다. kubectl config use-context 명령을 이용해 사용할 컨텍스트의 이름을 전달해 주면 됩니다.

```
$ kubectl config use-context docker-desktop
Switched to context "docker-desktop".
$ kubectl config current-context
docker-desktop
```

이렇게 여러 컨텍스트를 정의한 뒤 바꿔가면서 사용하는 방법은 여러 클러스터를 동시에 제어해야 할 때 특히 유용합니다. 그리고 컨텍스트는 접근하고자 하는 클러스터와 그 클러스터의 사용자 정보를 결합하여 정의되기 때문에 클러스터가 아닌 사용자를 전환할 때 컨텍스트를 사용할 수도 있습니다. 예를 들어서 평소에는 권한이 적은 개발자 계정을 이용하여 안전하게 클러스터를 사용하다가, 필요한 경우 운영자 계정으로 정의된 컨텍스트로 전환하여 더 복잡한 작업을 수행할 수 있습니다.

☑ **kubectl 설정 파일의 위치**

별다른 설정이 없는 경우 kubectl이 참조하는 설정 파일은 관례적으로 사용자 홈 디렉터리 아래에 있는 .kube 디렉터리의 config라는 파일을 참조합니다. 만약 설정 파일이 다른 위치에 있는 경우 환경 변수 KUBECONFIG로 해당 파일의 위치를 지정하면 됩니다.

```
$ export KUBECONFIG=/usr/local/kubernetes/config
```

이때 여러 설정 파일을 콜론으로 구분하여 동시에 지정할 수도 있습니다.

```
$ export KUBECONFIG=/Users/me/.kube/config:/usr/local/kubernetes/config
```

여러 설정 파일을 지정한 경우 kubectl은 모든 설정 파일을 하나로 합쳐서 사용합니다. 따라서 각각의 설정 파일에 정의된 컨텍스트를 바꿔 가면서 사용할 수 있습니다. 이때 하나로 합쳐진 설정은 kubectl config view 명령을 통해 확인할 수 있습니다.

11.2 kubectl에서 사용할 수 있는 다양한 명령어

11.2.1 version

kubectl이 잘 설치되고 컨텍스트가 정상적으로 동작하는지 확인하는 가장 쉬운 방법은 kubectl version 명령을 이용해서 클라이언트와 서버 버전을 한번에 조회하는 것입니다. 이 명령은 kubectl 클라이언트가 현재 컨텍스트의 클러스터와 통신하여 버전 정보를 받아와서 표시해 줍니다. 그러므로 kubectl이 클러스터와 정상적으로 상호작용할 수 있는 상태인지 쉽게 파악할 수 있습니다. 만약 클러스터와 연결이 정상이라면 다음과 같이 클라이언트와 서버 버전을 모두 확인할 수 있습니다.

```
Client Version: version.Info{Major:"1", Minor:"23", GitVersion:"v1.23.1",
    GitCommit:"86ec240af8cbd1b60bcc4c03c20da9b98005b92e",
GitTreeState:"clean",
    BuildDate:"2021-12-16T11:33:37Z", GoVersion:"go1.17.5", Compiler:"gc",
    Platform:"darwin/arm64"}
Server Version: version.Info{Major:"1", Minor:"22+", GitVersion:"v1.22.11-eks-18ef993",
    GitCommit:"b9628d6d3867ffd84c704af0befd31c7451cdc37", GitTreeState:"clean",
    BuildDate:"2022-07-06T18:06:23Z", GoVersion:"go1.16.15", Compiler:"gc",
    Platform:"linux/amd64"}
```

컨텍스트에 명시한 클러스터 정보가 잘못되었거나, 클러스터의 노드 상태가
정상이 아니거나 네트워크 문제가 발생하는 등 클라이언트가 클러스터와 정상
적으로 통신할 수 없을 때는 서버 버전을 표시하지 못합니다.

```
$ kubectl version
Client Version: version.Info{Major:"1", Minor:"23", GitVersion:"v1.23.1",
    GitCommit:"86ec240af8cbd1b60bcc4c03c20da9b98005b92e", GitTreeState:"clean",
    BuildDate:"2021-12-16T11:33:37Z", GoVersion:"go1.17.5", Compiler:"gc",
    Platform:"darwin/arm64"}
Unable to connect to the server: dial tcp: lookup D628640D2E.gr7.ap-northeast-2.eks.
    amazonaws.com: no such host
```

kubectl 클라이언트가 클러스터와 연결하지 못하는 상황을 맞이하면 클러스
터 혹은 컨텍스트를 점검하는 것이 좋습니다. 만약 클러스터를 새로 구성하고
연결을 시도했지만 실패했다면 클러스터의 노드가 정상적으로 동작하는지, 클
라이언트가 클러스터에 도달하기 위한 네트워크 구성이 정상인지 등을 확인하
는 것이 좋습니다.

다른 사용자들은 정상적으로 클러스터에 접속해서 사용하는 등 클러스터 설
정에 문제없다고 판단했다면, 컨텍스트에서 바라보는 클러스터의 주소, 사용
자 정보 및 인증키 등을 확인하는 것이 좋습니다.

이때 kubectl version 명령의 실행 결과로 나타나는 오류 메시지를 참고하
면 문제 해결에 도움이 됩니다. 예를 들어서 사용자 인증 정보가 잘못된 경우
error: You must be logged in to the server (the server has asked for the
client to provide credentials)와 같은 오류 메시지를 확인할 수 있습니다.
클러스터와 연결이 불가능한 경우 Unable to connect to the server와 같은
오류 메시지를 확인할 수 있습니다.

만약 클러스터 주소가 잘못되었다면 dial tcp: lookup D628640D2E.gr7.ap-northeast-2.eks.amazonaws.com: no such host와 같이 호스트를 찾을 수 없다는 메시지를 같이 확인할 수 있습니다. 인증서 설정이 잘못된 경우 x509: certificate signed by unknown authority와 같은 오류 메시지를 확인할 수 있습니다.

11.2.2 api-resources와 explain

지금까지 클러스터에 실행 중인 파드의 목록을 확인하기 위해서 kubectl get pods 명령어를 사용했습니다. 하지만 사실 파드 목록은 kubectl get po와 같이 pods 대신 po만 입력해도 조회할 수 있습니다. 이는 쿠버네티스에서 자주 사용하는 명령어를 더 간단하게 입력할 수 있도록 오브젝트의 이름에 대한 약어를 제공하기 때문입니다.

이러한 약어는 다음과 같이 kubectl api-resources 명령어를 통해 확인할 수 있습니다.

```
$ kubectl api-resources
NAME                      SHORTNAMES   APIVERSION   NAMESPACED   KIND
bindings                               v1           true         Binding
componentstatuses         cs           v1           false        ComponentStatus
configmaps                cm           v1           true         ConfigMap
endpoints                 ep           v1           true         Endpoints
events                    ev           v1           true         Event
limitranges               limits       v1           true         LimitRange
namespaces                ns           v1           false        Namespace
nodes                     no           v1           false        Node
persistentvolumeclaims    pvc          v1           true         PersistentVolumeClaim
persistentvolumes         pv           v1           false        PersistentVolume
pods                      po           v1           true         Pod
podtemplates                           v1           true         PodTemplate
replicationcontrollers    rc           v1           true         ReplicationController
resourcequotas            quota        v1           true         ResourceQuota
secrets                                v1           true         Secret
serviceaccounts           sa           v1           true         ServiceAccount
...(중략)...
```

실행 결과에서는 많은 정보를 얻을 수 있습니다. SHORTNAMES은 오브젝트를 사용할 때 사용할 수 있는 약어입니다. APIVERSION은 해당 오브젝트를 지원하는 버전을 의미합니다. NAMESPACED 항목은 오브젝트가 네임스페이스 단위로 적용될 경우 true, 클러스터 단위로 적용되는 경우 false로 표시됩니다. KIND는 실제로 명령어가 어떤 오브젝트를 지칭하는지 표시해 줍니다. 이는 오브젝트 명세의 kind 항목에 정의하는 값과 동일합니다.

이러한 오브젝트 명세를 작성할 때는 보통 모든 오브젝트의 규격을 다 알지 못하기 때문에 참고 자료를 활용하게 됩니다. 이때 인터넷이나 책을 활용할 수도 있지만 kubectl에도 오브젝트의 명세를 확인할 수 있는 kubectl explain 명령어가 있습니다. 예를 들어서 파드를 정의할 때는 다음과 같이 kubectl explain pods 명령어를 이용해 작성해야 하는 명세의 규격을 확인할 수 있습니다.

```
$ kubectl explain pods
kubectl explain pods
KIND:     Pod
VERSION:  v1

DESCRIPTION:
     Pod is a collection of containers that can run on a host. This resource is
     created by clients and scheduled onto hosts.

FIELDS:
   apiVersion     <string>
     APIVersion defines the versioned schema of this representation of an
     object. Servers should convert recognized schemas to the latest internal
     value, and may reject unrecognized values. More info:
     https://git.k8s.io/community/contributors/devel/sig-architecture/
     api-conventions.md#resources

   kind     <string>
     Kind is a string value representing the REST resource this object
     represents. Servers may infer this from the endpoint the client submits
...(중략)...
```

여기에는 오브젝트 및 명세에 작성되는 속성들의 설명이 자세히 적혀 있기 때문에 오브젝트의 명세 파일을 작성하거나 수정할 때 빠르게 참고할 수 있습니다. 다만 kubectl explain 명령은 해당 오브젝트의 최상위 속성만 표시하므로 실제로 작성해야 하는 속성들을 모두 확인하기는 어렵습니다. 명세의 특정 속성의 정의에 관해 확인하고 싶다면 다음과 같이 속성을 명시적으로 지정해 줍니다.

```
$ kubectl explain pods.spec.containers.livenessProbe ❶
KIND:     Pod
VERSION:  v1

RESOURCE: livenessProbe <Object>

DESCRIPTION:
    Periodic probe of container liveness. Container will be restarted if the
    probe fails. Cannot be updated. More info:
    https://kubernetes.io/docs/concepts/workloads/pods/pod-lifecycle#container-probes
...(중략)...
```

 ❶ 파드의 컨테이너에 정의되는 활성 프로브의 속성들에 대한 설명을 확인합니다.

만약 해당 오브젝트에 정확히 어떤 속성들을 정의해야 하는지 하나씩 명시적으로 확인하기 어렵다면 다음과 같이 –recursive 옵션을 이용합니다. 오브젝트에 정의할 수 있는 모든 속성을 확인할 수 있습니다.

```
$ kubectl explain pods --recursive
KIND:     Pod
VERSION:  v1

DESCRIPTION:
    Pod is a collection of containers that can run on a host. This resource is
    created by clients and scheduled onto hosts.

FIELDS:
   apiVersion    <string>
   kind     <string>
   spec     <Object>
     activeDeadlineSeconds     <integer>
     affinity     <Object>
       nodeAffinity     <Object>
         preferredDuringSchedulingIgnoredDuringExecution     <[]Object>
           preference     <Object>
             matchExpressions     <[]Object>
                 key     <string>
                 operator     <string>
                 values     <[]string>
...(중략)...
```

11.2.3 edit와 diff

kubectl edit는 현재 클러스터에 적용 중인 오브젝트의 명세를 바로 수정해 주는 명령어입니다. 이 명령어를 사용하면 적용 중인 오브젝트의 명세와 파일로 관리하는 명세 간의 차이가 생깁니다. 따라서 다른 사용자들에게 혼란을 줄 수 있기 때문에 일반적으로 권장되지는 않습니다.

하지만 장애 등이 발생하여 오브젝트의 명세를 빠르게 바꿔야 하거나 명세의 일부 속성을 바꿔가며 테스트하는 등 일부 kubectl edit 명령어가 유용하게 사용될 때가 있습니다. 이 명령어는 다음과 같이 사용할 수 있습니다.

```
$ kubectl edit pods/my-pod   ❶
pod/my-pod edited             ❷
```

> ❶ 클러스터에 적용된 파드 중 my-pod의 명세를 직접 수정합니다.
>
> ❷ 실행된 에디터에서 명세를 수정하고 저장한 뒤 종료하면 수정된 오브젝트 명세가 적용됩니다.

이때 명세를 수정하기 위해 사용하는 에디터는 OS에서 제공하는 기본 텍스트 에디터입니다. 맥OS나 리눅스는 vi를 사용하며, 윈도우 환경에서는 메모장을 사용하게 됩니다. 선호하는 에디터가 있다면 다음과 같이 KUBE_EDITOR 환경변수를 설정해서 변경할 수 있습니다.

```
$ export KUBE_EDITOR="nano"   ❶
$ kubectl edit pods/my-pod
pod/my-pod edited
```

> ❶ 기본 에디터인 vi 대신 nano를 이용해서 명세를 수정합니다.

터미널에서 사용하는 텍스트 에디터의 사용에 익숙하지 않다면 비주얼 스튜디오 코드(Visual Studio Code)와 같은 인기 있는 GUI 방식의 텍스트 에디터를 사용할 수도 있습니다. 다만 kubectl 명령어를 수행하는 터미널이 별도의 GUI 환경에서 실행되는 텍스트 에디터가 종료될 때까지 기다릴 수 있도록 다음과 같이 --wait 옵션을 추가하여 실행합니다.

```
$ export KUBE_EDITOR="code --wait"   ❶
$ kubectl edit pods/my-pod
pod/my-pod edited
```

❶ 별도로 code의 실행 경로(path)가 설정되지 않은 맥OS 환경에서는 export KUBE_EDI
TOR='open -a "Visual Studio Code" --wait'와 같이 직접 프로그램을 실행하도록
지정해줄 수도 있습니다.

앞에서 언급한 것처럼 이렇게 kubectl edit 명령을 이용해 오브젝트 명세를 수
정하다 보면 명세 파일과 오브젝트 사이의 불일치가 발생하여 혼란이 가중됩
니다. 이렇게 발생한 차이점을 파악하고 싶다면 kubectl diff 명령을 사용합
니다.

```
$ kubectl diff -f my-pod.yaml
...(중략)...
@@ -81,7 +81,7 @@
   uid: 78d6147b-fbd9-4386-9b81-3201e5739ec9
 spec:
   containers:
-  - image: my-app:1.0.0
+  - image: my-app:1.0.1
     imagePullPolicy: IfNotPresent
     name: my-container
     ports:
```

차이가 없다면 아무것도 출력되지 않습니다. 이 명령어는 오브젝트 명세를 적
용하거나 수정하기 전에 현재 실행 중인 오브젝트에 변경이 없었는지, 내가 소
유하고 있는 명세 파일이 최신 명세인지 확인하고자 할 때 유용합니다.

11.2.4 kubectl의 네임스페이스 쉽게 지정하기

여러 네임스페이스에 존재하는 오브젝트들을 조회할 때는 -n 옵션을 이용하여
네임스페이스를 지정합니다. 하지만 kubectl 명령어를 쓸 때마다 -n 옵션으로
네임스페이스를 지정하는 것은 불편할 수 있습니다. 만약 kubectl 명령어의 대
상이 되는 네임스페이스가 고정적이라면 다음과 같은 명령어로 기본 네임스페
이스를 지정할 수 있습니다.

```
$ kubectl config set-context --current --namespace=dev
Context "docker-desktop" modified.
```

이렇게 지정된 네임스페이스는 컨텍스트에 저장되기 때문에 필요한 경우 클

러스터, 사용자, 네임스페이스를 조합하여 컨텍스트를 만든 뒤 전환하면서 사용할 수도 있습니다. 예를 들어서 로컬 환경에 설치된 쿠버네티스 클러스터와 dev 네임스페이스를 조합하여 컨텍스트를 만들고, 클라우드 환경에 설치된 쿠버네티스 클러스터와 prod 네임스페이스를 조합하여 또 다른 컨텍스트를 만들 수 있습니다. 그리고 kubectl config use-context 명령을 통해 클러스터와 네임스페이스를 동시에 전환해 가면서 쿠버네티스를 사용할 수도 있습니다.

여러 네임스페이스를 자주 전환하면서 사용한다면 셸의 별칭(alias) 기능을 이용하여 미리 네임스페이스를 지정해 줄 수 있습니다.

```
$ alias kd="kubectl -n dev"                          ❶
$ alias kp="kubectl --context=eks-cluster -n prod"   ❷
$ kd get pods                                        ❸
No resources found in dev namespace.
```

❶ 현재 컨텍스트의 dev 네임스페이스를 kd라는 이름의 별칭으로 지정합니다.

❷ eks-cluster 컨텍스트의 prod 네임스페이스를 kp라는 별칭으로 지정합니다.

❸ dev 네임스페이스에서 파드 목록을 조회합니다.

11.2.5 kubectl의 자동완성 기능 설정하기

이렇게 kubectl 명령어를 사용하면서 느낄 수 있는 가장 큰 불편 중 하나는 일반적인 터미널 명령어와 달리 자동완성이 되지 않는다는 것입니다. 예를 들어서 디플로이먼트를 통해 파드를 생성한 경우 다음과 같이 파드의 이름이 복잡해지기 때문에 입력하기 까다로워집니다.

```
$ kubectl get pods
NAME                         READY   STATUS    RESTARTS   AGE
my-deploy-7965f7747d-drkwd   1/1     Running   0          10s
my-deploy-7965f7747d-jsm4x   1/1     Running   0          10s
```

이때 kubectl에 자동완성 기능을 설정하여 복잡한 오브젝트들의 이름을 쉽게 입력할 수 있습니다. 자동완성은 kubectl completion 기능을 이용해 설정합니다. 예를 들어 zsh를 셸로 사용하고 있다면 kubectl completion zsh 명령으로 zsh에서 자동완성 기능을 설정하기 위한 스크립트를 출력할 수 있습니다.

```
$ kubectl completion zsh
#compdef kubectl
compdef _kubectl kubectl
...(중략)...
if [ "$funcstack[1]" = "_kubectl" ]; then
    _kubectl
fi
```

해당 스크립트를 복사해서 직접 실행해도 되지만 이러면 셸을 종료할 때 자동
완성 기능이 사라지게 됩니다. 일반적으로는 셸을 실행할 때 자동완성 기능이
자동으로 설정되도록 구성하는 것이 좋습니다. zsh를 사용한다면 ~/.zshrc 파
일에 다음과 같은 구문을 추가해 줍니다.

```
autoload -Uz compinit && compinit   ❶
source <(kubectl completion zsh)
```

> ❶ 실행 시 zsh: command not found: compdef와 같은 메시지가 나타난다면 이 구문도
> 같이 추가해 줍니다.

이후 셸을 다시 시작하거나 source ~/.zshrc 명령을 통해 변경 사항을 적용하
면 자동완성 기능을 적용할 수 있습니다.

```
$ kubectl get pods my-deploy-7965f7747d-                        ❶
my-deploy-7965f7747d-drkwd my-deploy-7965f7747d-jsm4x  ❷
```

> ❶ kubectl get pods my까지 입력한 뒤 탭키를 누르면 파드 이름이 중복되는 부분까지
> 자동으로 완성됩니다.
> ❷ 탭키를 한 번 더 누를 경우 완성될 수 있는 파드의 이름들이 목록으로 표시됩니다.

kubectl의 자동완성 기능은 zsh 외에도 맥OS와 리눅스의 bash, 윈도우의
PowerShell 등에서 사용할 수 있습니다. 각각의 셸에서 자동완성 기능을 설정
하는 방법은 kubectl completion -h 명령어를 통해 확인할 수 있습니다.

```
$ kubectl completion -h
Output shell completion code for the specified shell (bash, zsh, fish, or
powershell). The shell code must be evaluated to provide interactive completion
of kubectl commands.  This can be done by sourcing it from the .bash_profile.

 Detailed instructions on how to do this are available here:
```

```
        for macOS:

https://kubernetes.io/docs/tasks/tools/install-kubectl-macos/#enable-shell-autocompletion

        for linux:

https://kubernetes.io/docs/tasks/tools/install-kubectl-linux/#enable-shell-autocompletion

        for windows:

https://kubernetes.io/docs/tasks/tools/install-kubectl-windows/#enable-shell-autocompletion
...(중략)...
```

11.3 JSONPath를 이용하여 오브젝트 정보 조회하기

클러스터에 실행 중인 오브젝트 정보를 보기 위해 지금까지 kubectl get 명령
이나 kubectl describe 명령을 사용했습니다. 이 명령어들은 빠르게 원하는
정보들을 정리된 형태로 가져올 수 있지만 오브젝트가 가지고 있는 모든 정보
를 다 표시해 주는 것은 아닙니다. 만약 오브젝트의 모든 정보를 출력하고자
한다면 다음과 같이 -o json 옵션을 통해 출력 형태로 JSON 형식으로 변경할
수 있습니다.

```
$ kubectl get pods my-pod -o json
{
    "apiVersion": "v1",
    "kind": "Pod",
    "metadata": {
        "creationTimestamp": "2022-08-15T14:09:18Z",
        "name": "my-pod",
        "namespace": "default",
        "resourceVersion": "412907",
        "uid": "5fab4257-f84b-4a4a-acf3-a8f92958ac07"
    },
    "spec": {
        "containers": [
            {
                "image": "my-app:1.0.0",
                "imagePullPolicy": "IfNotPresent",
                "name": "my-container",
                "ports": [
                    {
```

```
                        "containerPort": 8080,
                        "protocol": "TCP"
                    }
...(중략)...
```

하지만 여기에는 너무 많은 정보가 담겨 있기 때문에 원하는 정보를 직관적으로 파악하기 어렵습니다. 이럴 때 JSONPath를 이용해서 원하는 정보만 출력할 수 있습니다. JSONPath는 JSON 형식으로 주어진 데이터를 탐색하기 위한 규격으로 쿠버네티스를 포함한 다양한 분야에서 사용합니다. 예를 들어서 다음 명령어는 모든 파드의 이름을 출력합니다.

```
$ kubectl get pods -o=jsonpath='{$.items[*].metadata.name}'  ❶
my-deploy-7965f7747d-2fd28 my-deploy-7965f7747d-ngl77
```

❶ 모든 파드의 정보 중 metadata 속성 내의 name 속성으로 정의된 항목을 출력합니다.

JSONPath 규격에서 $는 JSON으로 정의된 속성들의 루트를 의미하며 .은 계층 구조를 가진 속성에서 자식 속성을 표현할 때 사용합니다. 그리고 [*] 표시는 배열 형태로 정의된 모든 원소를 대상으로 함을 나타냅니다. 만약 배열의 특정 인덱스에 위치한 원소를 지정하고자 하는 경우 [0] 또는 [1]과 같이 인덱스를 직접 작성할 수 있습니다.

$.items[0]의 경우 루트 아래에 위치한 items 배열의 첫 번째 원소를 지칭하는 표현이 됩니다. 이를 종합하여 $.items[*].metadata.name이라는 표현식을 해석해 보면 루트 아래에 위치한 items 배열의 모든 원소 중 metadata 속성을 검색한 뒤 그 내부에서 name 속성을 찾으라는 뜻이 됩니다. 이를 JSON 출력에 대응해서 표시하면 다음과 같습니다.

```
{  ❶
  "apiVersion": "v1",
  "items": [  ❷
    {
      "metadata": {
        "name": "my-deploy-7965f7747d-2fd28",  ❸
        "namespace": "default"
      }
    },
    {
```

```
        "metadata": {
          "name": "my-deploy-7965f7747d-ngl77",   ❹
          "namespace": "default"
        }
      }
    ]
}
```

> ❶ 여기가 $로 지칭하는 루트입니다.
>
> ❷ $.items으로 지칭하는 배열 속성입니다.
>
> ❸ 이 속성은 $.items[0].metadata.name으로 표시할 수 있습니다.
>
> ❹ 이 속성은 $.items[1].metadata.name으로 표시할 수 있습니다.

이러한 규칙을 응용해서 모든 파드 내부에 위치한 모든 컨테이너의 활성 프로브 정보를 출력하는 명령어를 작성하면 다음과 같습니다.

```
$ kubectl get pods -o=jsonpath='{$.items[*].spec.containers[*]
                                  .livenessProbe}' ❶
{"failureThreshold":3,"httpGet":{"path":"/api/healthcheck","port":8080,
    "scheme":"HTTP"},"initialDelaySeconds":10,"periodSeconds":5,
    "successThreshold":1,"timeoutSeconds":3} {"failureThreshold":3,
    "httpGet":{"path":"/api/healthcheck","port":8080,"scheme":"HTTP"},
    "initialDelaySeconds":10,"periodSeconds":5,"successThreshold":1,
    "timeoutSeconds":3}
```

> ❶ 모든 파드의 정보 중 spec 속성 내의 containers로 정의된 모든 항목의 livenessProbe 정의를 출력합니다.

JSONPath를 활용하여 조건에 맞는 정보만 찾아서 출력할 수도 있습니다. 이러한 조건식은 [?(<조건식>)]의 형태로 작성할 수 있습니다. 예를 들어서 다음 명령어는 특정 파드의 활성 프로브 정보를 찾아서 출력합니다.

```
$ kubectl get pods -o=jsonpath='{$.items[?(.metadata.name=="my-deploy-
                                  7965f7747d-2fd28")].spec.containers[0]
                                  .livenessProbe}' ❶
{"failureThreshold":3,"httpGet":{"path":"/api/healthcheck","port":8080,
    "scheme":"HTTP"},"initialDelaySeconds":10,"periodSeconds":5,
    "successThreshold":1,"timeoutSeconds":3}
```

> ❶ 모든 파드 중 metadata.name이 my-deploy-7965f7747d-2fd28인 파드에 위치한 첫 번째 컨테이너의 활성 프로브 정보를 출력합니다.

조건식은 조금 더 복잡하게 작성할 수도 있습니다. 우선 숫자 형태의 속성은 <, ==, >와 같은 비교 연산자를 사용할 수 있습니다. 예를 들어서 [?(.liveness Probe.periodSeconds>=3)]과 같은 조건식은 livenessProbe 속성 중 period Seconds가 3 이상인 아이템들을 찾아내라는 구문이 됩니다.

이때 현재 노드를 지칭하는 표현식인 @를 사용하면 더 명시적으로 조건식을 사용할 수 있습니다. 예를 들어서 $.items[*].spec.containers[?(@.liveness Probe.periodSeconds>=3)].name과 같은 표현식은 items 내부의 모든 아이템 중 containers 배열의 내부에서 livenessProbe의 periodSeconds가 3 이상인 원소들의 name 속성을 표시하라는 구문이 됩니다.

표현식의 @는 containers 배열에서 사용되었으므로 맥락상 containers 배열의 각 원소를 지칭하는 구문이 됩니다. 이를 종합하여 명령어를 작성한 후 실행해 보면 다음과 같은 결과를 확인할 수 있습니다.

```
$ kubectl get pods -o=jsonpath='{$.items[*].spec.containers[?(@.livenessProbe.
                        periodSeconds>3)].name}'
my-app my-app
```

상황에 따라서는 계층과 상관없이 특정한 이름을 가지는 속성들을 모두 찾아보고 싶을 수도 있습니다. 이럴 때는 .. 표현식을 통해서 계층을 재귀적으로 탐색하면서 속성을 검색할 수 있습니다. 예를 들어서 $..name이라는 구문은 루트에서부터 모든 속성 중 이름이 name인 속성을 표시하는 명령어가 됩니다.

```
$ kubectl get pods -o=jsonpath='{$..name}'
my-deploy-7965f7747d-2fd28 my-deploy-7965f7747d my-app kube-api-access-86kjz
    kube-api-access-86kjz kube-root-ca.crt my-app my-app my-deploy-7965f7747d-ngl77
    my-deploy-7965f7747d my-app kube-api-access-h27lt kube-api-access-h27lt
    kube-root-ca.crt
```

만약 여러 항목을 동시에 출력하고자 한다면 conatienrs[*]['livenessProbe. periodSeconds','livenessProbe.timeoutSeconds']와 같이 조합 오퍼레이터를 이용할 수 있습니다. 이때 조합 오퍼레이터의 각 항목은 작은따옴표로 감싸야 인식합니다.

```
$ kubectl get pods -o=jsonpath="{$.items[*].spec.containers[*]
                          ['name','livenessProbe.periodSeconds',
                          'livenessProbe.timeoutSeconds']}" ❶
my-app my-app 5 5 3 3
```

> ❶ 모든 컨테이너의 이름과 활성 프로브 정의에 명시된 periodSeconds와 timeoutSeconds
> 를 표시해 줍니다.

이때 나타나는 결과인 my-app my-app 5 5 3 3은 두 개의 컨테이너에서 각각의 이름, periodSeconds, timeoutSeconds를 두 번씩 표시한 것입니다.

각각의 컨테이너별로 이름, periodSeconds, timeoutSeconds를 출력하고 싶다면 range 표현식을 사용합니다. range 표현식은 그 뒤에 지정된 배열의 각 원소에 대해서 {end}가 나오기 전까지 내부 구문을 반복해서 실행합니다. 예를 들어서 {range $.items[*]}{.metadata.name}{'\n'}{end}와 같이 작성된 구문이 있다면 items 내부의 모든 원소에 대해서 metadata.name 속성을 출력하고 개행 문자를 더해 줍니다. 이를 실행해 보면 다음과 같은 결과를 확인할 수 있습니다.

```
$ kubectl get pods -o=jsonpath="{range $.items[*]}{.metadata.name}{'\n'}{end}"
my-deploy-7965f7747d-2fd28
my-deploy-7965f7747d-ngl77
```

지금까지 알아본 JSONPath의 문법을 이용하여 모든 파드의 이름과 그 파드에 정의된 활성 프로브의 periodSeconds, timeoutSeconds를 탭으로 구분하여 출력해 보겠습니다. 구문은 다음과 같습니다.

```
$ kubectl get pods -o=jsonpath="{range $.items[*]}{.metadata.name}{'\t'}
                          {.spec.containers[*]['livenessProbe.periodSeconds',
                          'livenessProbe.timeoutSeconds']}{'\n'}{end}"
my-deploy-7965f7747d-2fd28    5 3
my-deploy-7965f7747d-ngl77    5 3
```

이렇게 JSONPath를 이용하여 파드의 정보를 검색하거나 출력하는 방법은 별도의 JSONPath 문법을 익혀야 하므로 다소 어려울 수는 있지만, 원하는 형태의 정보를 빠르게 찾아서 확인할 수 있다는 장점을 가지고 있습니다. 이는 특히 셸 스크립트를 이용하여 작업을 자동으로 처리할 때도 유용하게 사용할 수 있습니다. JSONPath를 이용하여 쿠버네티스의 각종 오브젝트 정보를 원하는 형태로 출력하는 과정에 익숙해지면 쿠버네티스를 더 폭넓게 활용할 수 있습니다.

찾아보기